Christiane Nießeler

# Patchwork Taschen

Christiane Nießeler

# Patchwork Taschen

Beutel • Rucksäcke
Elegante Täschchen
Schnitte und Schritt-für-Schritt-Anleitungen

Augustus Verlag

# Inhalt

# Vorwort

Patchwork: Das ist Flickwerk für die einen, eine traditionsreiche und unerschöpflich vielseitige Handarbeitskunst für die anderen. Wurden früher in erster Linie Gebrauchsgegenstände wie Decken hergestellt, geht man heute dazu über, diese interessanten Musterkombinationen auch im Wohn- und Bekleidungsbereich einzusetzen – oder eben in Patchwork-Taschen.

Hier finden Anfängerinnen ebenso wie versierte Näherinnen Anregungen und Anleitungen. Alle Taschen können mit der Nähmaschine genäht werden. Einige Quiltmuster wurden mit der Hand gefertigt. Bei jeder Tasche ist der Schwierigkeitsgrad mit angegeben: So können Sie nach Ihrem eigenen Leistungsstand vorgehen.

Da viele von Ihnen zur Gattung der »Sammler und Jäger« gehören, verfügen Sie sicher über einen gewissen Vorrat an Stoffen und Zubehör, also alles, was man zum »Patchen« braucht. Es wurden hier traditionell alte Kleidungsstücke aufgetrennt, neu eingefärbt, zerschnitten und genäht, aber auch neue, aktuelle Stoffe verarbeitet. Ich weiß, für einige Leute ist es unbegreiflich, Stoff, bisweilen sogar sehr teuren, zu zerschneiden und wieder neu kombiniert zusammenzusetzen. Vergleichen Sie es mit einem guten Essen: Jede Zutat für sich ist sicher auch einzeln genießbar. Aber alles zusammen, mit raffinierten Gewürzen und gutem Wein, wird erst eine runde Sache. Für beides läßt man sich viel Zeit. Betrachten Sie die hier vorgestellten Modelle als Vorschläge, Anregungen oder Orientierungshilfen. Versuchen Sie nicht, identisch genau nachzuarbeiten. Selten hat man das gleiche Ausgangsmaterial. Verwirklichen Sie daher Ihre Ideen mit Ihren Stoffen, verbinden Sie Trend und Tradition, so wird jede Ihrer Taschen zu einem Unikat. Ist der »Patchwork-Virus« erst einmal aktiviert, denken Sie bald in Streifen, Quadraten und Dreiecken, und das erlaubt es Ihnen natürlich auch, manchmal ein bißchen »crazy« zu sein.

Ich wünsche Ihnen viel Freude beim Nähen!

Ihre

# Material

Bei diesen Taschen habe ich zum Teil verschiedene Stoffarten miteinander kombiniert, was sehr interessante Oberflächenstrukturen ergab. Einige Modelle entstanden aus meinem jahrelang gehorteten Fundus, andere wiederum wurden aus gezielt gekauften und gefärbten Stoffen gefertigt. Experimentieren Sie aber auch mit anderen Materialien, etwa mit Leder. Einige Anregungen dafür finden Sie in diesem Buch.

## Vorbereitung der Stoffe

Wenn möglich, sollten Sie alle neuen Stoffe vorher mit Feinwaschmittel waschen. So wird die Appretur entfernt, der Stoff wird geschmeidiger. Spätere Überraschungen wie das Einlaufen oder Verfärben vermeiden Sie dadurch außerdem.

**Wichtig:** Bei selbstgefärbten Stoffen ist das Waschen ein unbedingtes Muß. Überschüssige Farbe muß entfernt werden. Der Stoff darf nicht mehr »ausbluten«.

Bei bereits getragenen und benutzten Stoffen erübrigt sich diese Wäsche.

## Pflege der fertigen Modelle

Grundsätzlich fertige ich von jedem gepatchten Stück einen Musterstreifen an. Späteren Unsicherheiten, die beim Waschen auftreten können, wird hiermit vorgebeugt. Auch nützlich für die chemische Reinigung!

## Materialkunde

**Baumwolle** ist nach wie vor das am meisten verwendete Material. Sie läßt sich gut verarbeiten, problemlos waschen, ist strapazierfähig und bleibt in Form, was bei Taschen sehr wichtig ist. Baumwollstoffe sind in vielen Farbschattierungen, Mustern und Webdichten erhältlich. Mittlerweile hat sich der Stoffhandel auch auf den Patchworkbedarf eingestellt und bietet zunehmend spezielles Baumwollmaterial an.

**Nessel** ist ein fester Baumwollstoff, ideal zum Füttern von Taschen und bestens zum Färben geeignet. Er ist in verschiedenen Stärken erhältlich.

**Seide** liegt mir genauso am Herzen wie Baumwolle. Mit ihrer glänzenden Oberfläche verleiht sie den Mustern ein edles Aussehen. Durch die Seidenmalerei ist sehr vielseitiges Material erhältlich: Pongé, Crêpe de Chine, Satin, Doupion und Seidenschnüre, um nur einige zu nennen. Die heutigen Färbemethoden mit ihren brillanten Farbabstufungen sind einfach und für jedermann zu realisieren. *Wichtig:* Seide vor dem Zuschneiden und Nähen immer auf dünne Vlieseinlage bügeln (zum Beispiel H 180)! So verhindern Sie das lästige Ausfransen und Verrutschen. Soll die Oberfläche durch ein Quiltmuster hervorgehoben werden, wählen Sie

die ca. 0,5 cm starke Vlieseinlage H 640. Gebrauchsanweisung des Herstellers beachten!

**Viskose:** Eine Chemiefaser auf Zellulosebasis, die optisch oft einen Baumwoll-, Woll- oder Seidencharakter vermittelt. Oft ist sie auch als Mischprodukt erhältlich.

**Leder:** Ist etwas schwieriger in der Verarbeitung. Verwenden Sie möglichst dünnes, weiches Material. Probieren Sie mit Resten die

Nähfähigkeit Ihrer Nähmaschine aus (Nadel, Stichlänge, Fadenspannung). Hilfsmittel dazu: Ledervlieseinlage, Ledernadel, Teflonnähfuß. Nähen Sie eventuell Papierstreifen zum besseren Transport mit, sie lassen sich leicht wieder aus der Naht entfernen. Auch feinkörniges Sandpapier, knapp neben der Naht mitgeführt, verbessert den Transport. *Wichtig:* Nähte in Leder lassen sich schlecht auftrennen! Die durch die Nadeln verursachten Löcher bleiben sichtbar.

**Vlieseinlage** (Volumenvlies) wurde bei jeder Tasche verwendet. Es ist allgemein die Mittelschicht der Quiltarbeiten. Dünne Vlieseinlagen, zum Beispiel H 180, lassen sich aufbügeln. Sieverhindern das Ausfransen der Schnittkanten, was gerade bei kleinen Mustern sehr wichtig ist. Auch das Verrutschen der Stoffteile (Seide!) beim Nähen wird verhindert.

Mittelstarke Vlieseinlagen, zum Beispiel Polyesterwatte mit 100 g/m$^2$ wurden bei größeren Taschen verwendet. Durch das Quilten wirkt die Oberfläche voluminöser, und die Muster kommen gut zur Geltung.

Mit steifem Stickvlies oder Schabrackeneinlage können Seiten- und Bodenteile verstärkt werden.

Vlieseinlagen gibt es als Fertigpackungen oder als Meterware. Letztere ist für die Herstellung dieser Taschen sinnvoller, da Sie oft genaue Maßangaben machen können. Beachten Sie immer die Verarbeitungs- und Pflegehinweise des Herstellers (blauer Kantenaufdruck)!

**Persenning,** ein kunststoffbeschichtetes Gewebe, wird auch Bootspersenning genannt, denn es wird in erster Linie zum Abdecken von Booten verwendet. Das Material ist abwaschbar, reißfest, wasserfest und lichtecht. Es läßt sich besser nähen als reines PVC, da Gewebe mit eingearbeitet ist. Ich empfehle es deshalb für Badetaschen oder Kulturbeutel. Seitenteile und Böden lassen sich mit diesem festeren Material gut verstärken. Auch separate Taschenböden nähe ich gerne aus diesem abwaschbaren Kunststoff. Er ist in gut sortierten Stoff- und Textilgeschäften erhältlich.

## Werkzeug und Zubehör

Normales Haushaltsnähzeug reicht für die Herstellung dieser Taschen aus:

- Nähmaschine mit Nadeln in verschiedenen Stärken
- Maßband
- Näh-, Steck- und Sicherheitsnadeln
- Fingerhut
- passendes Nähgarn
- Heftfaden
- Stoff- und Papierschere
- Trennmesser
- Bleistift
- Bügeleisen und Bügelunterlage

Wenn Sie tiefer in die Materie einsteigen wollen, erwerben Sie nach und nach folgende Hilfsmittel:

- Schneidematte und Rollschneider mit Ersatzklinge
- transparentes Lineal mit Maßeinteilung
- Markierungs- oder »Zauberstifte«

Die »Zauber-« oder »Phantomstifte« erleichtern das Übertragen von Quiltmustern und sollen keine Spuren hinterlassen. Testen Sie das aber unbedingt auf einem Rest Ihres Stoffes, bevor Sie mit der Arbeit anfangen! Spezieller Stoffradiergummi entfernt Bleistift, ohne den Stoff zu beschädigen. Auch hier gilt: Testen Sie!

# Technik

## Herstellung von Schablonen

Nicht alle Stoffteile lassen sich im Schnellverfahren mit dem Rollschneider zuschneiden. Gerade bei runden und sich wiederholenden Formen ist es ratsam, mit Schablonen zu arbeiten. Übertragen Sie die Originalform auf Millimeterpapier und geben Sie Ihre spezielle Nahtzugabe (zum Beispiel Füßchenbreite Ihrer Nähmaschine) dazu. Die Form ausschneiden, auf festen, aber nicht zu dicken Karton kleben. Den Karton auf feinstes Sandpapier kleben und ausschneiden. Das Sandpapier verhindert das Verrutschen der Schablone auf dem Stoff. Setzen Sie kleine Löcher (durch die Schablone) mit einer Nadel an allen wichtigen Nahtpunkten. Mit Bleistift können Sie so exakt den Anfang und das Ende einer Naht bestimmen. Markieren Sie auf der Schablone den Fadenlauf. Auch eine festere Plastikfolie eignet sich für öfters benötigte Schablonen. Vorteil: Stoffmuster können beim Ausschneiden besser berücksichtigt werden.

## Schneidetechniken

Bügeln Sie Ihre Stoffe vor dem Zuschneiden.

**Schablonen:** Die Schablonen auf dem Stoff platzsparend anordnen. Achten Sie auf den Fadenlauf, und berücksichtigen Sie gegebenenfalls besondere Motive des Stoffmusters. Markieren Sie den Umriß der Schablone mit Bleistift, Markierungsstift oder -rädchen. Mit der Stoffschere ausschneiden.

**Rollschneider:** Zeitsparend, rationell und genau für Streifen, Quadrate, Dreiecke und ähnliche Formen. Beispiel: Falten Sie den gewaschenen und gebügelten Stoff Kante auf Kante. Legen Sie ihn auf die Schneidematte. Die Falte liegt bündig zu einer waagerechten Rasterlinie. Lineal rechtwinklig auflegen (Fadenlauf!). Mit dem ersten Schnitt begradigen Sie den Stoff oder entfernen die Webkante. Bewegen Sie den Rollschneider mit gleichmäßigem Druck am Lineal entlang.
*Wichtig:* Das Messer ist sehr scharf, führen Sie den Rollschneider immer von sich weg.

## Nähtechniken

Nähen Sie ein Probestück. So können Sie Stichlänge (5 – 6 Stiche je Zentimeter) und Fadenspannung kontrollieren. Bei Leder sollten Sie eine etwas größere Stichlänge wählen. Die Nahtzugabe entspricht meistens Ihrer Nähfüßchenbreite (6 – 8 mm). Nur bei sehr stark belasteten Nähten, etwa Taschenböden bei Einkaufstaschen, verdoppele ich die Nahtzugabe und nähe zweifach. Rückwärts- oder Vernähen entfällt.

**Rationelle Nähmethoden** (Ketten- oder Fahnennähen): Die geschnittenen Teile werden rechts auf rechts geordnet und hintereinander und ohne die Naht zu unterbrechen genäht. Das spart Zeit und Faden.

**Streifentechnik:** Durch das Aneinandernähen verschiedenfarbiger Streifen, die dann in einem bestimmten Winkel (z. B. 90° oder 45°) wieder zerschnitten und neu kombiniert werden, entstehen verblüffende Muster auf ganz einfache Weise.

*Streifen*

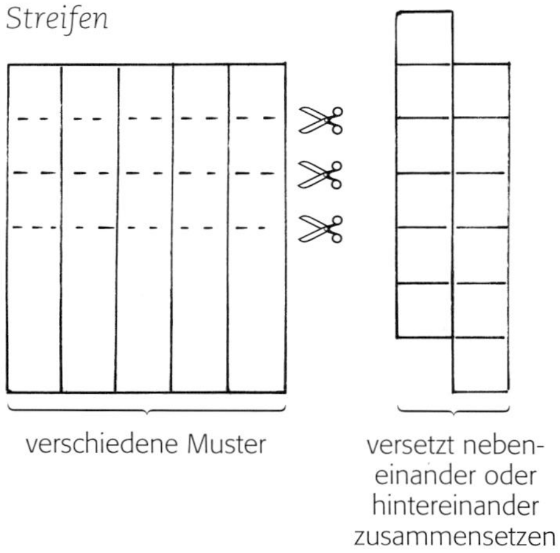


*Rhomben*

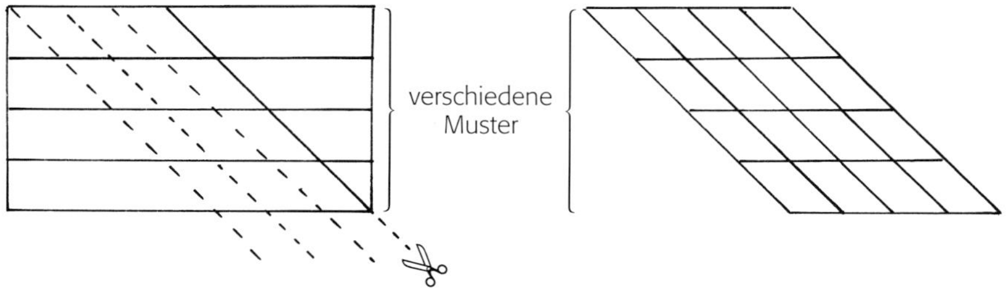

## Henkel

Für die meisten Taschen habe ich Henkel, Träger oder Griffe aus dem entsprechenden Stoffmaterial genäht. Hier die verschiedenen Varianten:

**Spaghettiträger:** Die sehr schmalen Träger finden Verwendung bei kleineren Schultertaschen. Sie können auch doppelt oder dreifach (als Zopf geflochten) verwendet werden und verlieren trotzdem nicht ihren zierlichen Charakter. Die schmalen Stoffstreifen (ca. 3 cm breit) der Länge nach links auf links zusammenlegen. Die Schnittkanten 3 – 5 mm nach innen schlagen, stecken oder heften und schmalkantig absteppen:

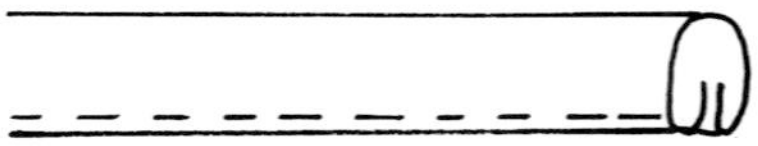

**Einfache Stoffhenkel** (zum Beispiel für Brotbeutel): Die Stoffstreifen der Länge nach rechts auf rechts legen. Die Längsseite und eine Schmalseite füßchenbreit absteppen. Durch die noch offene Schmalseite den Henkel (mit Hilfe des altbewährten Kochlöffels) nach rechts wenden, die Schnittkanten nach innen schlagen und schließen. Auch die Lederschlaufen des Rucksackes werden so gearbeitet.

**Stoffhenkel mit Vlieseinlage:** Bei größeren Taschen (Einkaufs- oder Badetaschen) nähe ich gerne Henkel mit »Volumen«. Diese Taschen sind dann angenehmer zu tragen, gerade wenn sie schwer bepackt sind. Die Vlieseinlage für die Henkel wird in der Regel ca. 2 cm kleiner als der Stoff zugeschnitten und auf den Stoffstreifen gebügelt. Der Nähvorgang ist derselbe wie bei den einfachen Stoffhenkeln, die Vlieseinlage soll nicht mitgenäht werden. Vorsicht beim Wenden: Die Vlieseinlage darf sich nicht lösen. Eine andere Möglichkeit: Sie nähen einfache Stoffhenkel und stopfen sie mit Füllwatte oder Volumenvlies aus.

## Bodenvarianten

1. Zwei separat gearbeitete, gleiche Teile rechts auf rechts legen und zusammensteppen. Nahtzugabe mit Zickzack-Stichen versäubern.

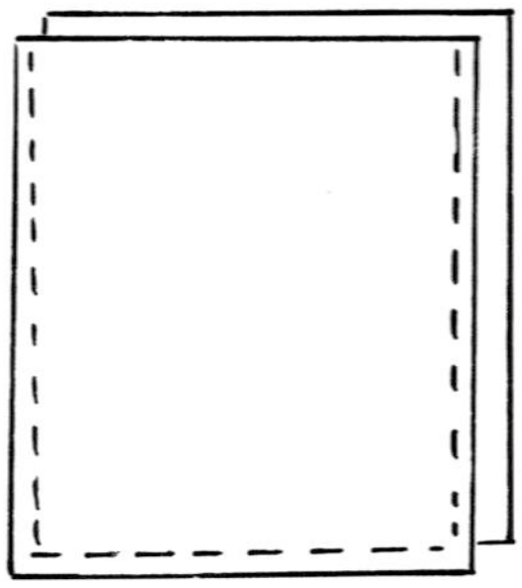

2. Ein entsprechend großes Rechteck rechts auf rechts zusammenlegen und die Seitenteile schließen.

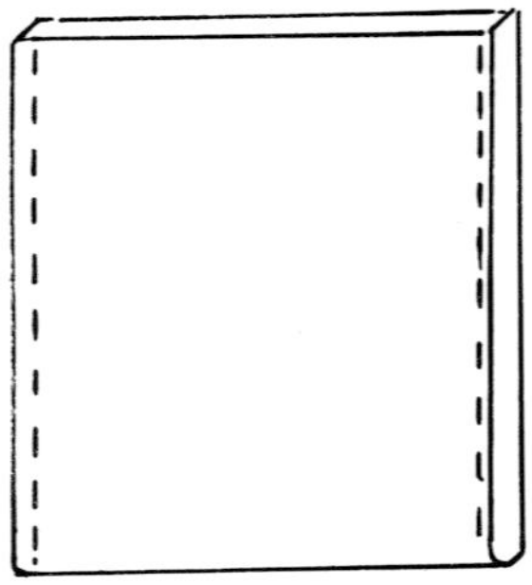

3. Eine Tasche erhält mehr Breite, wenn die Bodenecken abgenäht werden:

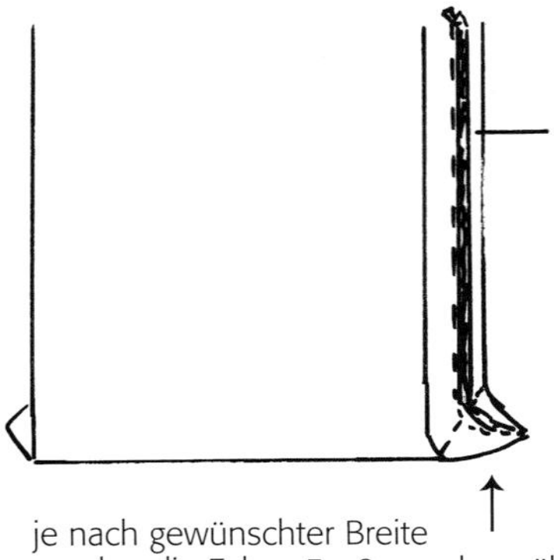


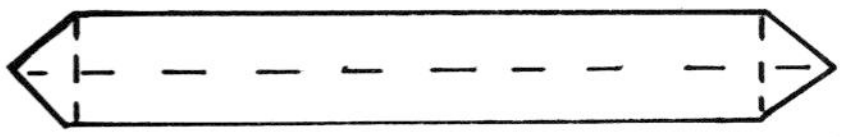


4. Eine weitere Verbreiterung entsteht, wenn separate Seitenteile mit eingearbeitet werden. Die Nahtzugabe kann nach außen oder innen gesetzt werden. Für alle Außennähte gilt: Hier muß mit einer Randeinfassung abgeschlossen werden. Dies ist sicher aufwendiger, kann aber ein zusätzliches Schmuckelement sein.

5. Besondere Taschenformen entstehen bei runden, ovalen oder quadratisch eingesetzten Böden. Der Phantasie sind hier keine Grenzen gesetzt. Einige Taschen benötigen einen verstärkten Boden, den ich dann extra nach Maß anfertige, meist aus abwaschbarem Material (Persenning) mit einer Einlage aus starkem Karton:

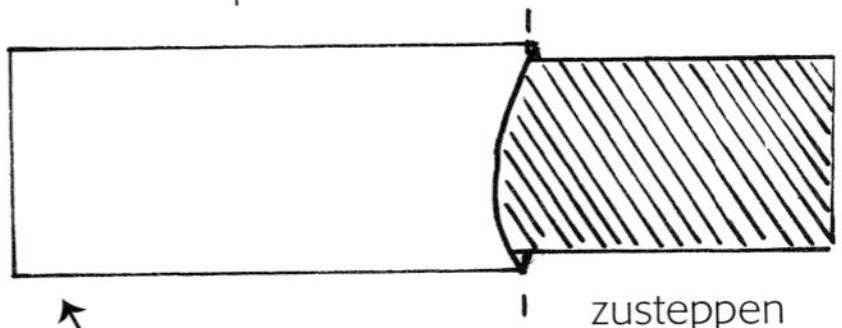

# Besondere Techniken

**Keder oder Paspel** werden in diesem Buch meistens als Kantenabschlüsse verwendet. Mit ihrem »Innenleben« verstärken sie Boden- und Seitenteile. Als Einlage eignen sich zum Beispiel Baumwollkordel oder Plastikwäscheleine. Die Breite des Stoffstreifens richtet sich nach dem Durchmesser der Kordel, beträgt aber mindestens 4 – 5 cm. Den Stoffstreifen der Länge nach zur Hälfte links auf links zusammenlegen. Kordel bis zum Bug einlegen und knapp (Reißverschlußfuß!) absteppen (siehe Zeichnung).

**Randeinfassung:** Als sauberer Kantenabschluß bei Taschen ist eine Randeinfassung nötig. Steppen Sie einen separaten Stoffstreifen (evtl. Schrägstreifen, ca. 4 – 6 cm breit) 1 – 2 cm von der Kante entfernt, rechts auf rechts fest. Den Streifen über die Kante legen und mit einem kleinen Saum an der Innenseite der Tasche (mit Hand oder Maschine) an der Ansatznaht festnähen (siehe Zeichnung).

*Keder:*

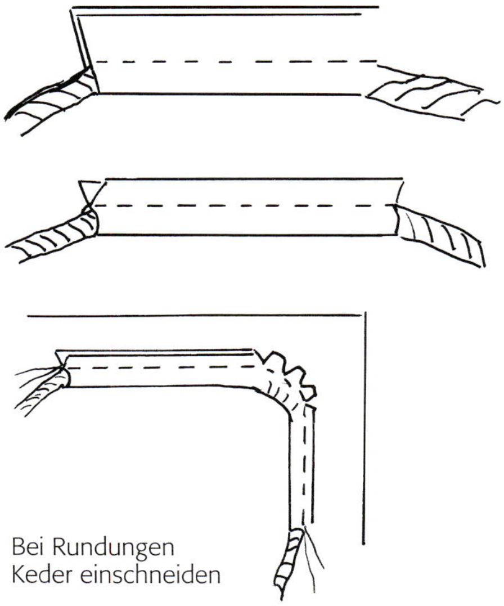


*Randeinfassung:*

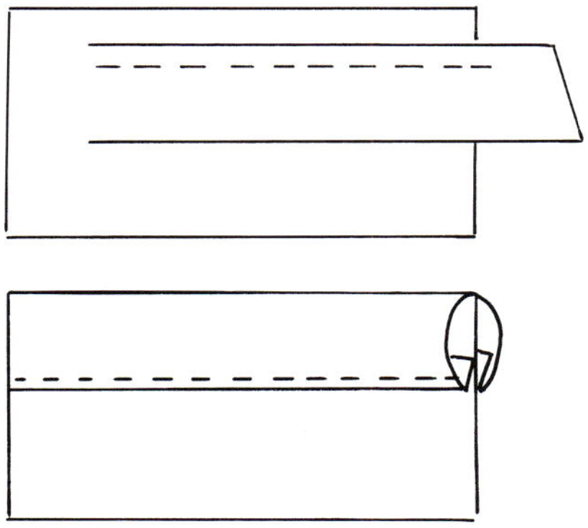

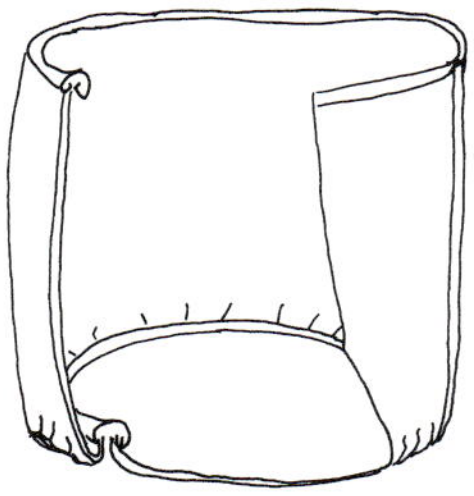

**Briefecken** sehen besonders professionell aus. Die Ansatzstreifen füßchenbreit rechts auf rechts annähen, bis die Nähte an den Ecken genau aufeinanderstoßen. Nahtzugabe auseinanderbügeln. Ecken genau im rechten Winkel bügeln. In der Bügelnaht beide Streifen zusammennähen (siehe Fotos).

**Verstürzen** nennt man den Vorgang, wenn nach dem Zusammennähen zweier Stoffteile alles gewendet wird, so daß die Nahtzugabe eingeschlossen ist.

Beispiel an einer Tasche: Die Oberseite rechts auf das Futter legen und aufeinandersteppen. Eine Öffnung (richtet sich nach der Taschengröße) so weit ungenäht lassen, daß sich die ganze Tasche durch diesen Schlitz nach rechts wenden läßt. Nahtzugabe zurückschneiden, Rundungen einschneiden. Den noch offenen Schlitz der gewendeten Tasche mit kleinen Stichen per Hand schließen. Eventuell noch schmalkantig absteppen. Dann darauf achten, daß die Bruchnaht auf die Innenseite zu liegen kommt.

**Einreihen oder Kräuseln:** Um eine Weite zu reduzieren und einen gleichmäßigen Faltenwurf zu erhalten, steppt man in großen Stichen rechts und links der Naht. Die Unterfäden festhalten und den Stoff auf die gewünschte Weite gleichmäßig zusammenschieben. Auf das passende Gegenstück stecken oder heften und nähen. Die Hilfsnähte können wieder entfernt werden.

**Bügeln:** Alle Markierungspunkte und -linien vorher entfernen. Durch das Bügeln werden diese Hilfslinien sonst möglicherweise auf den Stoff fixiert. Die Nahtzugabe nach einer Seite bügeln, möglichst auf die dunklere Stoffseite, um ein Durchscheinen zu vermeiden.

# Quilten

Der abschließende Teil einer Patchwork-Arbeit ist das Quilten. Zum einen aus praktischer Sicht: Die drei Lagen (Oberseite, Füllmaterial und Rückseite) werden so zusammengehalten. Zum anderen werden die Konturen der bestehenden Oberfläche hervorgehoben. Ein Quiltmuster kann aber auch einen zweiten Schwerpunkt setzen. Die Kunst besteht gerade bei großen Quilts darin, dem Betrachter ein harmonisches Gesamtbild zu vermitteln.

**Vorbereitung:** Die fertig genähte und begradigte Oberseite wird mit Vlies und Rückseitenstoff unterlegt. Schneiden Sie die Vlieseinlage und den Rückseitenstoff mit 3 – 4 cm mehr Nahtzugabe zu. Alle drei Lagen werden von der Mitte aus geheftet oder mit Sicherheitsnadeln fixiert.

Die einfachste Art des Quiltens ist das *Schattenquilten*. Die Quiltnaht verläuft unmittelbar neben der bestehenden Obernaht, auf der gegenüberliegenden Seite Ihrer gebügelten Nahtzugabe. *Freie Quilt- und Schablonenmuster* werden mit speziellen Markierungsstiften übertragen. Probieren Sie vorher aus, ob die Markierungslinien tatsächlich wieder verschwinden!

*Maschinenquilten:* Gerade Linien und größere Flächen lassen sich gut mit der Maschine quilten. Stellen Sie eine größere Stichlänge ein. Quilten Sie von der Mitte nach außen. So gibt es keine unliebsamen Vlies- und Stoffverschiebungen. Fadenenden nach links ziehen und vernähen oder verknoten.

*Handquilten:* Ratsam bei runden, immer wieder absetzenden Mustern. Arbeiten Sie mit Fingerhut. Ein Quiltrahmen ist bei diesen Taschen nicht unbedingt erforderlich. Gequiltet wird mit kleinen, gleichmäßigen Vorstichen. Bei jedem Stich müssen alle drei Lagen erfaßt werden. Fadenenden vernähen.

# Allgemeine Tips

Grundsätzlich sind für Patchwork-Arbeiten Genauigkeit und Präzision oberstes Gebot. Unregelmäßigkeiten beim Nähen wirken sich zum Schluß negativ auf das Gesamtbild aus.

Die Muster lassen sich teilweise untereinander austauschen. Kompliziertere Details können gegen einfachere ersetzt werden oder umgekehrt.

Wenn Sie Taschen für Verwandte oder Freunde nähen, sollten Sie sich an deren Körpergröße orientieren. Schnell werden sonst Taschen und Beutel mit Inhalt gefüllt zu lang.

Die Taschen sind nach Schwierigkeit geordnet und mit entsprechenden Symbolen versehen:

❤ Einfach und schnell. Geringe Nähkenntnisse reichen aus, ideal für Anfänger und Einsteiger.

❤❤ Der Nähaufwand ist größer, etwas Erfahrung von Vorteil.

❤❤❤ Schwierigere und aufwendigere Details, für Fortgeschrittene. Mittelmäßige bis gute Nähkenntnisse sind erforderlich.

# Einfach zum Einstieg

# Blauer Einkaufsbeutel

*Größe: ca. 47 x 47 cm*

***Dieser leichte und doch geräumige und stabile Beutel begleitet Sie gern bei Ihren Einkäufen. In Ihren Lieblingsfarben ist er ganz schnell genäht. Ein Modell für geübtere Näherinnen finden Sie auf Seite 26.***

## MATERIAL

- *Für die Vorderseite: Baumwollstoff in 4 verschiedenen, farblich abgestimmten Mustern, je 30 cm x Stoffbreite (meist 120 – 140 cm)*
- *Baumwollstoff, naturfarben, 60 x 120 cm zum Versäubern der Vorderseite und als Taschenrückseite*
- *Nähgarn, farblich passend*

## SCHNEIDEPLAN

- Siehe Originalschablonen a) und b) vom Vorlagenbogen A, Nahtzugabe ist enthalten.
- Rückseiten: 2 x 50 x 55 cm
- Henkel: 2 x 7 x 50 cm

## NÄHPLAN

Rautenpaare aus den Stoffen 1 und 2, Quadrate aus 3 und 4 nähen. Quadrate an die Rautenecken setzen. Zum Schluß die Dreiecke einsetzen. Rand I und II mit Briefecken annähen (siehe Seite 10). Henkel nähen (siehe Seite 9). Vorderseite rechts auf eine Rückseite nähen. Oberkante zum Verstürzen offen lassen, wenden, Naht an der Oberkante schließen. Oberkante der zweiten Rückseite säumen. Schau- und Rückseite rechts auf rechts legen. Nähte an den Seiten und am Boden schließen. Henkel an der Innenseite feststeppen.

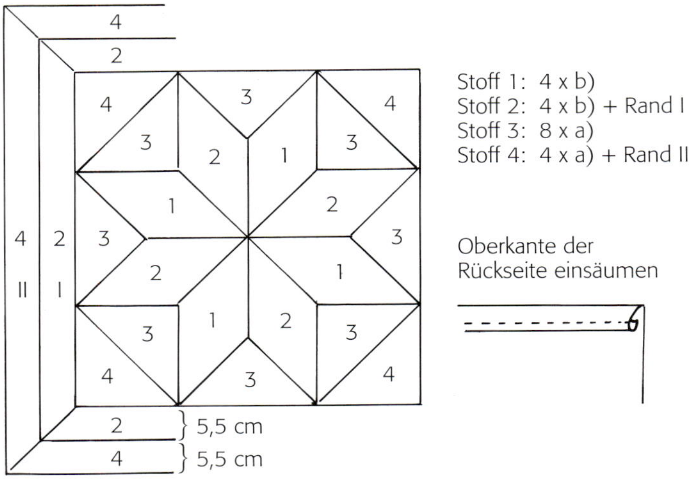

# Jeanstasche

*Größe: ca. 33 cm lang, die Breite richtet sich nach der Größe der Jeans.*

***Wenn Ihre Kinder sich nicht von abgelegten Jeans trennen wollen, nähen Sie ihnen doch ganz einfach eine flotte Tasche daraus.***

## MATERIAL

- *1 alte Jeanshose*
- *Applikationen nach Belieben (zum Besetzen eventuell vorhandener Löcher)*
- *Nähgarn, farblich passend*

*Für einen festen Boden (nach Belieben):*

- *Karton, eingenäht zum Beispiel in Persenning, fertiges Maß ca. 20 x 40 cm (Ecken abgerundet)*

## SCHNEIDE- UND NÄHPLAN

Die Jeans etwa 5 cm unter dem Zwickel abschneiden. Mittelnaht auftrennen. Aus einem abgeschnittenen Hosenbein den Taschenboden herausschneiden (ca. 22 cm breit, die Länge richtet sich nach Ihrer Jeans). Die Ecken abgerundet einnähen. Die Naht des Bodens kann nach innen oder außen gesetzt werden (siehe Seite 9). Die Träger nähen Sie ebenfalls aus einem Hosenbein, individuell breit, verziert mit Einsätzen Ihrer Wahl.

# Schwarze Abendtasche mit bunten Seidenschnüren

*Größe: ca. 27 x 20 cm*

***Diese außergewöhnliche Tasche zieht bei der nächsten Einladung bestimmt alle Blicke auf sich. Dabei ist sie auch ohne große Erfahrung ganz leicht zu nähen.***

## MATERIAL

- *30 x 60 cm Chiffon, schwarz*
- *30 x 60 cm Duchesse, schwarz*
- *30 x 60 cm Futterstoff, schwarz*
- *60 x 60 cm Vlieseinlage H 640*
- *Seidenschnüre Pongé 08 in verschiedenen Farbnuancen (naturweiß zum Selbstfärben oder bereits gefärbt in gut sortierten Fachgeschäften erhältlich)*
- *250 cm Seidenschnur, schwarz*
- *2 kleine Druckknöpfe, schwarz*
- *Nähgarn, schwarz*

## SCHNEIDEPLAN

Nahtzugabe von 1,5 cm enthalten.

- Chiffon: 4 Streifen à 5 x 56 cm
- Duchesse: 5 Streifen à 5 x 56 cm
- Futter: 30 x 56 cm

Die Vlieseinlage nach Herstellerangaben auf Chiffon und Duchesse bügeln.

## NÄHPLAN

Die Seidenschnüre farblich sortieren (hier: Rot-, Grün-, Braun- und Blautöne). An der linken Kante der Chiffonstreifen jeweils die Seidenschnüre eines Farbtons mit der Maschine aufnähen. Der Abstand variiert zwischen 1 und 3 cm. Die rechte Seite ebenfalls absteppen, die Schnüre abschneiden (Zeichnung a und b). Duchesse- und Chiffonstreifen abwechselnd zusammensetzen. Oberseite und Futter rechts auf rechts legen, stecken oder heften und knapp 1 cm breit absteppen. 10 cm zum Wenden offen lassen. Die Tasche nach rechts wenden und die Öffnung mit kleinen Stichen per Hand zunähen. 17 cm einklappen und an den Seiten mit der Hand zusammennähen (siehe Zeichnung).

## FERTIGSTELLUNG

Eine ca. 250 cm lange, schwarze Seidenschnur hälftig zu einer Kordel drehen und rechts und links an den Innenseiten annähen. Druckknöpfe als Verschluß einsetzen.

*Nähplan*

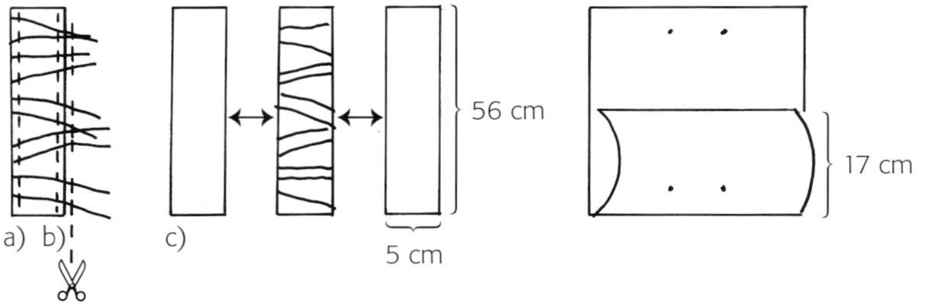

CHAND
DRY
SEKT
VENDETTA

# Kindertasche mit Bärenmuster

❤

*Größe: ca. 37 x 22 cm*

***Um diese Tasche mit dem niedlichen Bärenmuster wird Ihre Tochter oder Enkelin im Kindergarten bestimmt beneidet. Sie können dafür wie beim Originalmodell edle Krawattenseide oder aber preiswertere Baumwolldrucke verwenden.***

## MATERIAL

- *40 x 70 cm Krawattenseide in 3 verschiedenen Farben für die Außenseite*
- *100 x 100 cm Vlieseinlage H 180 zum Aufbügeln*
- *30 x 100 cm dünner Baumwollstoff als Futter*
- *Nähgarn, farblich passend*

## SCHNEIDEPLAN

- Siehe Originalschablonen Dreieck und Boden vom Vorlagenbogen A (Nahtzugabe nicht enthalten). Vlieseinlage auf die Seide bügeln.

- ❍ Dreiecke: 3 x rot, 3 x blau, 4 x grün
- ❍ Boden: 1 x Außenseite blau, 1 x Vlieseinlage, 1 x Futter
- ❍ Nach der fertiggenähten Außenseite richtet sich der Zuschnitt des Futters.
- ❍ Henkel: 4 x 45 cm: 2 x rot, 2 x blau, 2 x grün
- ❍ Schleifen: 6 x 20 cm: 2 x rot, 2 x blau
- ❍ Randeinfassung oben: 4 x 80 cm rot; unten: 4 x 70 cm blau

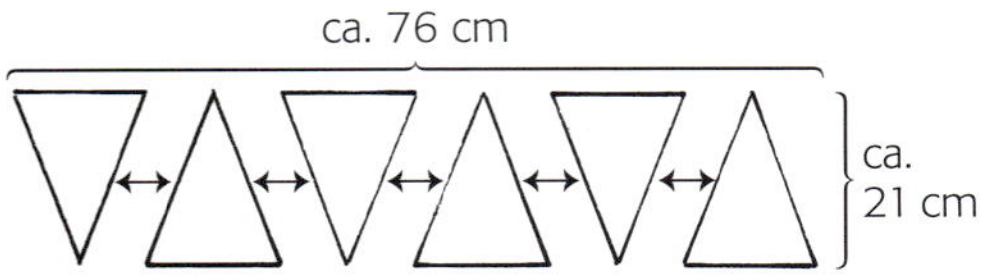


rot, grün, blau, rot, grün, blau, rot, grün, blau, grün

## NÄHPLAN

Außenseite siehe Zeichnung. Seitennähte der Außenseite und des Futters schließen. Futter links auf links in die Tasche nähen. Bodenteile (Oberseite, Vlieseinlage, Futter) schmalkantig zusammensteppen. Unterkante der Tasche passend zum Boden einreihen (siehe Seite 11) und links auf links zusammensteppen. Mit blauer Randeinfassung (siehe Seite 10) abschließen. Henkel nähen: 2 dreifarbige Zöpfe flechten und an der Außenseite feststeppen. Schleifen: Stoffstreifen der Länge nach rechts auf rechts zusammenlegen, 3 Seiten steppen. Durch die 4. offene Seite nach rechts wenden, zunähen. In der Mitte zusammenfassen und auf den Henkelabschluß nähen.

# Kleine Tasche passend zum Sommerkleid

*Größe: 26 cm breit, 21 cm hoch*

***Wenn Sie einen Teil Ihrer Kleidung selbst nähen, wissen Sie, daß immer Stoffreste übrigbleiben. Ich bin dazu übergegangen, gleich nach Fertigstellung eines Blazers oder Kleides die dazu passende Tasche zu nähen. Hier ein Beispiel:***

## MATERIAL

- *Stoff- und Futterreste für die Vorderseite*
- *28 x 23 cm Futterstoff für die Rückseite*
- *55 x 23 cm Futterstoff für das Innenfutter*
- *55 x 23 cm Vlieseinlage H 640*
- *1 Reißverschluß, schwarz, 25 cm*
- *Nähgarn, schwarz*

## SCHNEIDEPLAN

- Originalschablonen 1, 2 und 3 nach Zeichnung vom Vorlagenbogen A mit Nahtzugabe anfertigen.
- Streifen nach Originalvorlage mit Nahtzugabe zuschneiden.
- Randeinfassung oben: 4 x 55 cm
- Henkel: 2 x 2 x 115 cm

## NÄHPLAN

Zuerst die Rauten des Sternes nähen, anschließend Dreiecke und Quadrate einsetzen. Die Streifen gemäß der Zeichnung an den Stern nähen. Vlieseinlage auf die die gepatchte Vorderseite der Tasche und den Rückseitenstoff bügeln. Oberseiten rechts auf rechts legen und zusammennähen, Henkel an den Seiten gleich mit einarbeiten. Die Seiten des Futters zusammennähen und den Reißverschluß einsetzen. Futter in die Tasche einnähen.

# Zwei Seidentäschchen

**Solche Täschchen kann man immer brauchen, um Taschentücher, Kosmetika oder Schmuckstücke darin aufzubewahren. Sie sind so schnell genäht, daß Sie gleich mehrere davon anfertigen können.**

## Gestreiftes Täschchen

Größe: ca. 12 x 9 cm

### MATERIAL

- *Seidenstreifen in verschiedenen Farben, zum Beispiel orange, blau, türkis*
- *14 x 20 cm feiner Batist als Futter*
- *14 x 20 cm Vlieseinlage H 180*
- *Reißverschluß, 12 cm*
- *Nähgarn, farblich passend*

### SCHNEIDEPLAN

- Seide auf Vlieseinlage bügeln.
- Streifen in verschiedenen Breiten (2 – 4 cm) und 20 cm Länge zuschneiden. Die fertig genähte Oberseite soll 14 x 20 cm groß sein.

### NÄHPLAN

Futter verstürzt einnähen, Reißverschluß einsetzen, Seitennähte schließen.

# Kariertes Seidentäschchen

**Größe: ca. 13 x 8 cm**

## MATERIAL

- *Seidenreste in verschiedenen Rosa-Schattierungen*
- *15 x 18 cm Vlieseinlage H 180*
- *15 x 18 cm feiner Batist als Futterstoff*
- *Reißverschluß, beige, 14 cm*

## SCHNEIDEPLAN

- Seide auf Vlieseinlage bügeln
- 5 Streifen à 3 x 40 cm
- Futter: 15 x 18 cm

## NÄHPLAN

Die 5 Streifen zusammennähen und dabei stets zwischen hellen und dunklen Streifen abwechseln. Quer zum Streifenverlauf 7 Streifen à 3 cm schneiden und farblich versetzt wieder zusammennähen. Die fertige Oberseite soll 14 x 8 cm betragen. Die Rückseite aus den verbleibenden Querstreifen nach Belieben zuschneiden (14 x 8 cm). An den Nahtstellen mit der Hand quilten (Schattenquilten). Die Querstreifen der Rückseite mit der Maschine quilten. Die Vorder- und Rückseite mit dem Reißverschluß verbinden. Der Reißverschluß läßt sich besser einnähen, wenn die Nähte an den Seiten und am Boden noch nicht geschlossen sind. Vorder- und Rückseite rechts auf rechts legen, Seiten und Boden absteppen, versäubern, wenden. Die Seitennähte des Futters schließen und das Futter links auf links in das Täschchen einsetzen. Mit kleinen Stichen am Reißverschluß festnähen. Seidenreste als Verzierung an den Reißverschlußschieber nähen.

### Mein Tip

*Für kleine Täschchen, Börsen und ähnliche Projekte kaufe ich gerne Reißverschluß als Meterware mit entsprechend aufgezogenen Schiebern. So bin ich an kein bestimmtes Maß gebunden.*

# Mit Übung leicht genäht

# Kindergartentäschchen mit Rattanbügel

❤❤

**Größe: 28 x 22 cm (ohne Bügel) x 6,5 cm**

***Außer einem kleinen Imbiß findet in diesem Täschchen auch noch das Lieblingsstofftier seinen Platz. Holztierchen auf einer dekorativen Schleife schmücken die Tasche zusätzlich.***

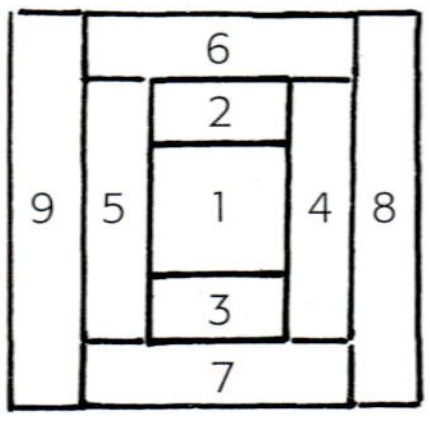


Farben:
dunkel 1, 2, 5, 6, 9
hell 3, 4, 7, 8

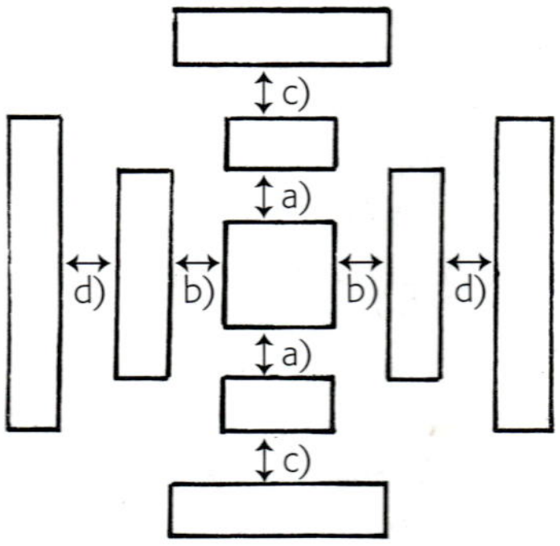


Nähfolge: a), b), c), d)

## MATERIAL

- *9 verschiedene Baumwolldrucke (5 dunkel, 4 hell gemustert), jeweils 10 cm x Stoffbreite (120 – 140 cm) oder Baumwollstoff-Reste (zum Beispiel von der Badetasche, Seite 44)*
- *30 x 100 cm Vlieseinlage H 640*
- *30 x 100 cm Baumwollstoff als Futter (evtl. hellen Stoff der Oberseite wählen)*
- *1 Paar Rattanbügel, oval, ca. 17 x 12 cm*
- *1 großer Druckknopf für die Tascheninnenseite*
- *2 Knöpfe in Tierform, ca. 3 – 4 cm groß*

## SCHNEIDEPLAN

Nahtzugabe von 1,5 cm enthalten.

- 8 Quadrate, 4,5 x 4,5 cm, dunkel
- 8 Streifen, 3,5 x 4,5 cm, hell
- 8 Streifen, 3,5 x 4,5 cm, dunkel
- 8 Streifen, 3,5 x 8,5 cm, hell
- 8 Streifen, 3,5 x 8,5 cm, dunkel
- 8 Streifen, 3,5 x 12,5 cm, hell
- 8 Streifen, 3,5 x 12,5 cm, dunkel
- Seitenstreifen: 8 x 60 cm, dunkel
- Schleifen: 4 Streifen, 8 x 15 cm, 2 hell, 2 dunkel
- Vlieseinlage und Futterstoff entsprechend den genähten Oberteilen zuschneiden.

## NÄHPLAN

8 Quadrate (siehe Zeichnung) nähen. 2 Blöcke à 4 Quadrate zusammensetzen. Vlieseinlage auf die Blockteile und den Seitenstreifen bügeln. Blockteile und Seitenteile zusammennähen. Futter verstürzt an die Tasche nähen, wenden und mit der Hand versäubern. Schleifen: Einen hellen und einen dunklen Streifen rechts auf rechts legen. 3 Seiten knappkantig steppen, wenden, 4. Seite schließen.

Obere spitze Hälfte des Quadrates über den Bügel nach innen klappen (siehe Zeichnung) und mit der Hand festnähen. Druckknopf an die Spitze des nach innen geklappten Quadrates nähen. Schleifen in der Mitte zusammenfassen und mit je einem Holztier auf die Vorder- und Rückseite nähen.

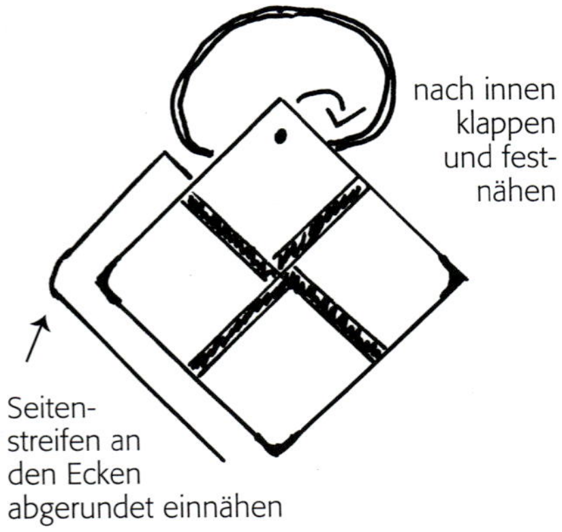

# Roter Einkaufsbeutel

❤❤

***Größe:* ca. 44 x 44 cm**

### MATERIAL

- ❍ *3 Baumwollstoffe in farblich abgestimmten Mustern: je 30 cm x Stoffbreite (meist 120 – 140 cm) für die Vorderseite*
- ❍ *60 x 120 cm Baumwollstoff, naturfarben, zum Versäubern der Vorderseite und als Rückwand der Tasche*
- ❍ *260 cm Baumwollkordel für den Keder, 3,5 mm Ø*

### SCHNEIDEPLAN

Siehe Zeichnung, Nahtzugabe ist enthalten.

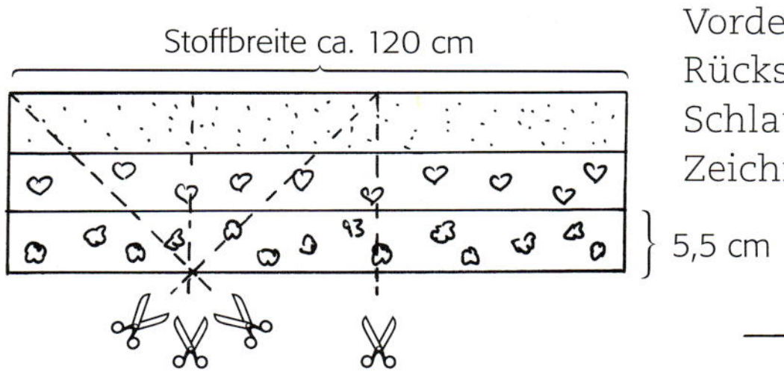


- ❍ 2 Rückseiten à 50 x 50 cm
- ❍ Keder: 4 x 180 cm für die Taschenumrandung
- ❍ Henkel/Keder: 2 x 40 cm

### NÄHPLAN

Farbige Streifen in voller Stoffbreite zusammennähen. Laut Zeichnung in Dreiecke schneiden und zu Quadraten zusammensetzen. Vier Quadrate, von farbigen Streifen gerahmt, bilden die Vorderseite. Briefecken siehe Seite 10, Keder siehe Seite 10. Fertigstellung wie bei blauem Einkaufsbeutel (Seite 14). Der Keder wird zwischen Ober- und Rückseite miteingearbeitet und läuft als Abschluß an der Oberkante der Vorderseite. Den Henkel an der Rückseite zur Verzierung mit Schlaufen außen festnähen (siehe Zeichnung).

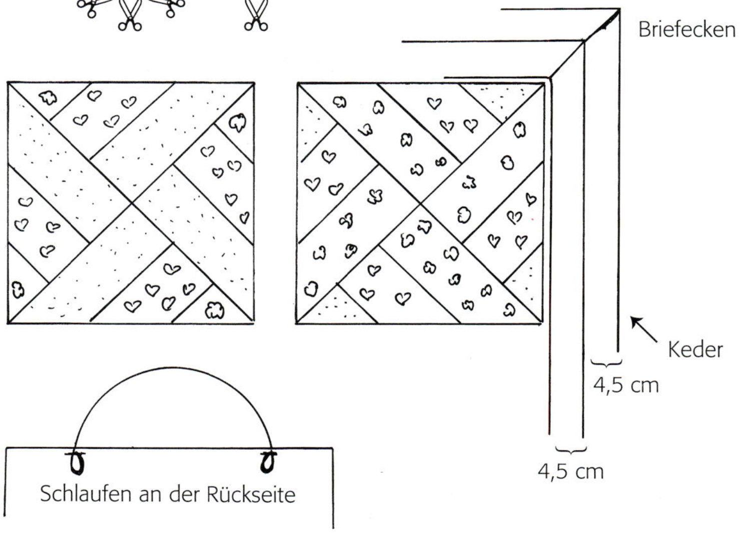

# Matchbeutel »Stars & Stripes«

❤❤

***Größe: ca. 46 cm lang, 30 cm Ø***

## MATERIAL

- *50 x 180 cm fester Baumwollstoff, blau, für die Außenseite*
- *50 x 150 cm Sternenstoff (Jeansstoff)*
- *40 x 150 cm Streifenstoff (Jeansstoff)*
- *50 x 150 cm Polyesterwatte (40 gr/m²)*
- *50 x 150 cm dünner Baumwollstoff für die Quiltrückseite*
- *50 x 150 cm Futter (Baumwollstoff oder Nessel)*
- *10 Ösen, silberfarben, 8,5 cm Ø, zum Durchziehen der Kordel*
- *1 Schlüsselring, ca. 2,5 cm Ø*
- *180 – 200 cm Kordel, weiß*
- *ca. 100 cm Plastikwäscheleine, 6 mm Ø, für den Keder*
- Je 2 Streifen à 5 x 45 cm aus blauem Baumwollstoff, Sternenstoff, Streifenstoff
- Boden: 32 cm Ø, je 1 x aus blauem Baumwollstoff, Vlieseinlage, Futterstoff
- Blende: 10 x 100 cm, 2 Streifen aus blauem Baumwollstoff
- Randeinfassung oben und Keder am Boden: 5 x 100 cm, 2 Streifen aus Sternenstoff
- Vlieseinlage, Quiltrückseite und Futterstoff: je 48 x 100 cm
- Schlaufen: 7 x 9 cm, 2 Streifen aus Sternenstoff

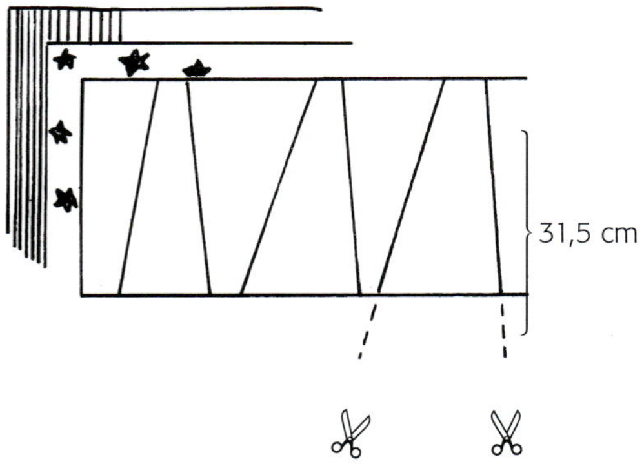


## SCHNEIDEPLAN

Nahtzugabe insgesamt 1,5 cm, für den Boden 2 cm enthalten.

- 3 Lagen Stoff (blauer Baumwollstoff, Sternenstoff, Streifenstoff) genau übereinanderlegen. Kanten mit dem Rollschneider begradigen. 5 – 6 verschieden breite Dreiecke mit 31,5 cm Länge zuschneiden.

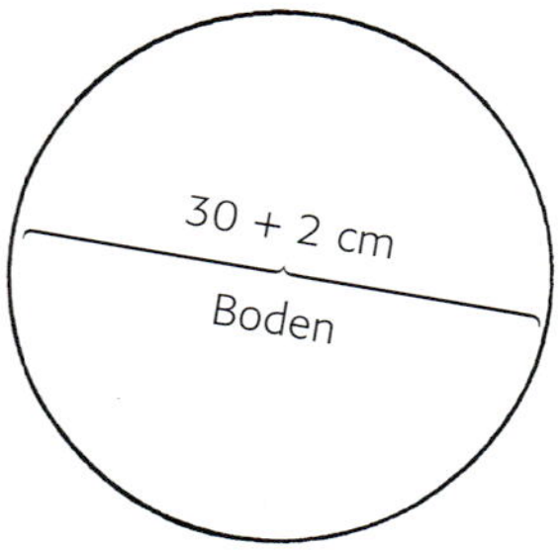

## NÄHPLAN

Die 6 Streifen (5 x 45 cm) abwechselnd zusammennähen. Quer in 5 Streifen (5 – 6 cm breit) schneiden (siehe Seite 8). Mit den farbigen Dreiecken zum Mittelstreifen der Tasche zusammennähen. (Die einfarbigen blauen Stoffdreiecke wurden vorher frei gequiltet.)

Zu c): Oberseite, Vlieseinlage und Quiltrückseite aufeinanderlegen und heften. Quiltmuster mittels Markierungsstift, Schablone oder Kreide und Lineal übertragen. Maschinenquilten: große Sticheinstellung, Kontrastfarbe wählen. Boden: Muster von innen nach außen steppen. Fäden nach links ziehen, verknoten und dann abschneiden.

Zu e) (Schlaufen): Alle 4 Kanten schmal nach links steppen. Einen Stoffstreifen hälftig zusammenfalten, Schlüsselring einlegen und an den Schmalkanten zusammensteppen. Kordelschlaufe siehe Zeichnung.

Zu f): Beutel rechts auf rechts legen, mit doppelter Naht schließen. Schlaufe mit Schlüsselring 3 cm vom Boden mit einnähen. Nach links wenden, Keder nähen (siehe Seite 10) und zwischen Boden und Tasche sauber einpassen.

Futter entsprechend zusammennähen und in den Beutel links auf links einsetzen. Mit einigen Stichen am Boden und an der Seitennaht fixieren. Obere Randeinfassung nach innen heften und von rechts entlang der Naht steppen.

*a)*

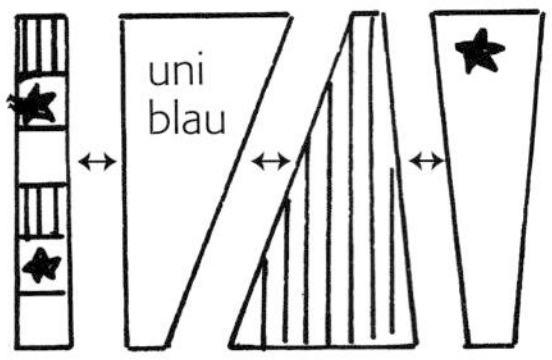


*b)*

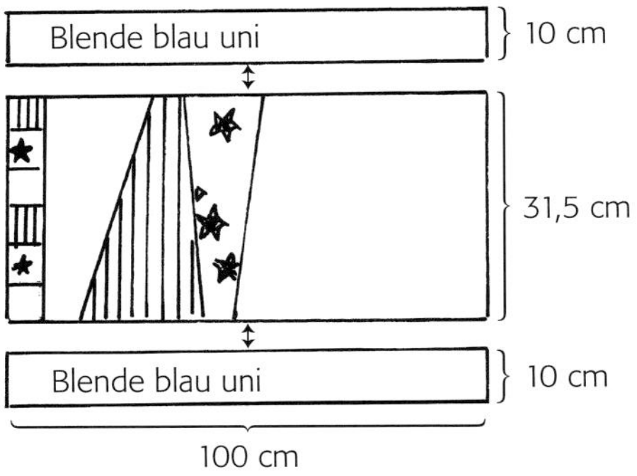


*c)*

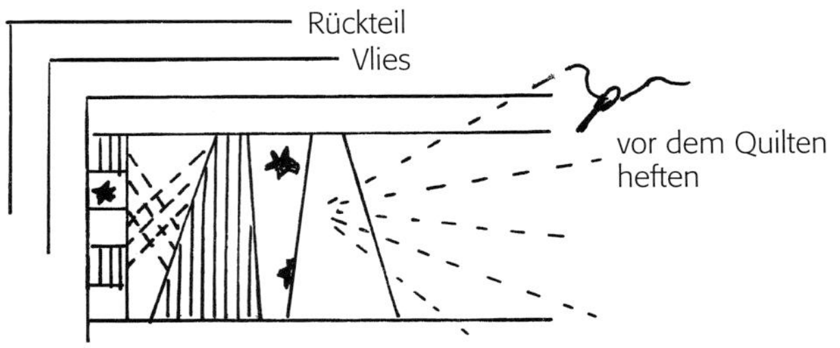


*d)*

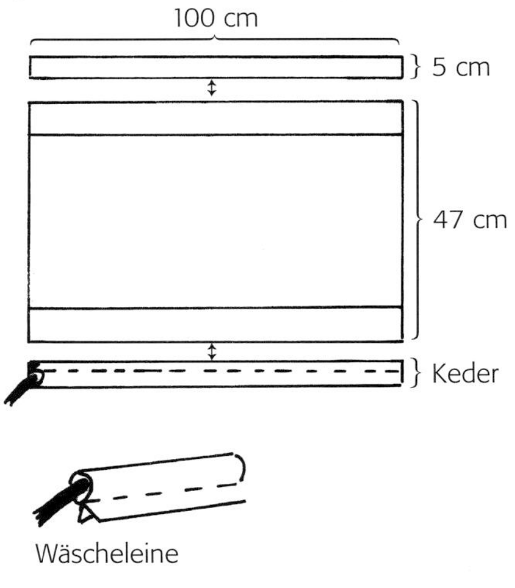


*e) Schlaufe für Kordel*

*f)*

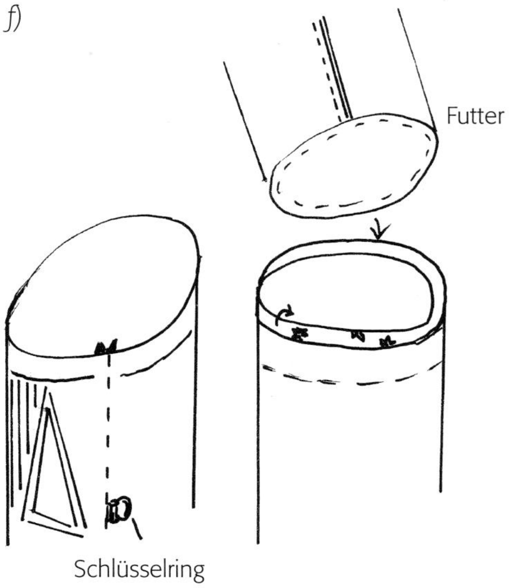


## FERTIGSTELLUNG

10 Ösen, 2 cm vom Rand entfernt, gleichmäßig verteilt einstanzen. Kordel durch die Ösen, die Doppelschlaufe und den Schlüsselring ziehen und verknoten.

Quilt-Muster für Boden und Rand
(Vergrößerungsfaktor 310 %)

# Shoppingtasche

❤❤

*Größe: ca. 45 cm breit und 35 cm hoch (ohne Henkel)*

***Diese praktische Einkaufstasche kennen Sie schon vom Buchumschlag. Hier sehen Sie nun auch die andere Seite der Tasche, in der ein Wochenendeinkauf Platz hat.***

## MATERIAL

- *Baumwollstoff in Rot, Blaugrün und Braun, je 30 cm x Stoffbreite, für die Außenseite*
- *50 x 120 cm Baumwollstoff als Futter*
- *50 x 120 cm Volumenvlies H 640 zum Aufbügeln*
- *37 x 16 cm Persenning oder Schabrackeneinlage (siehe Seite 7)*
- *Nähgarn, farblich passend*

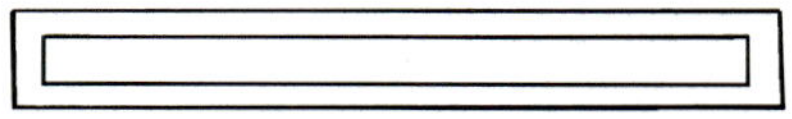

Henkeloberseite mit Volumenvlies

Henkel hälftig zusammenheften und schmalkantig (ca. 2 mm) absteppen

## SCHNEIDEPLAN

- Für die einzelnen Musterblöcke wurden verschieden breite Streifen (2 – 5 cm) zugeschnitten und frei verarbeitet.
- Futter und Volumenvlies werden nach der fertigen Außenseite zugeschnitten.
- Boden, siehe Vorlagenbogen A: je 1 x Außenseite in Rost, Volumenvlies, Verstärkung und Futter
- Henkel Außenseite: 2 Streifen à 8 x 45 cm; Volumenvlies: 2 Streifen à 6 x 43 cm
- Randeinfassung oben: 4 x 94 cm gemusterter Stoff

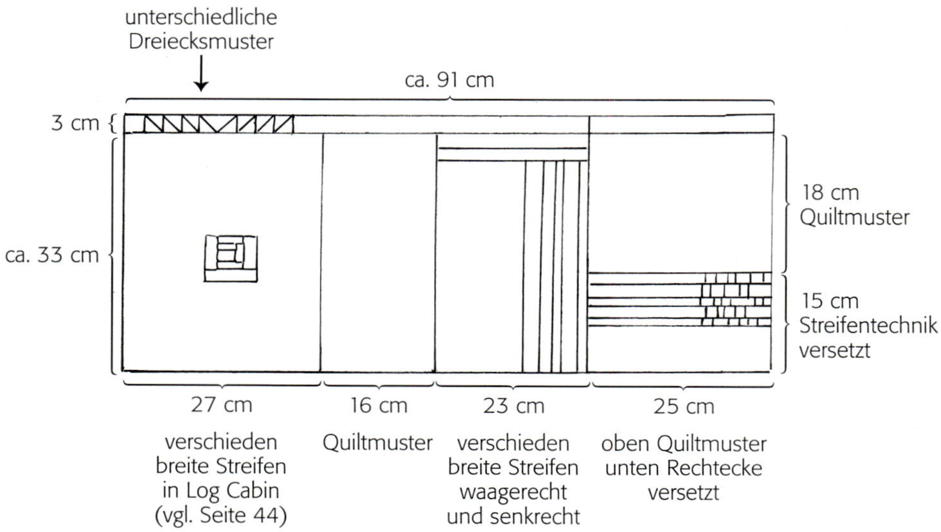

## NÄHPLAN

Siehe Zeichnung und Foto: Verschiedene Musterblöcke aneinandersetzen. Fertiges Maß ca. 36 x 91 cm. Volumenvlies aufbügeln. Futter zuschneiden und anheften. Die gemusterten Blöcke mit der Maschine im Schatten der Naht quilten. Auf den grünen Stoff ein doppeltes Quilt-Längsmuster vom Vorlagenbogen A, auf den rostfarbigen Stoff ein doppeltes Quilt-Quermuster übertragen. Mit der Hand in einer Kontrastfarbe (hellbraun) quilten. Seitenteile schließen. Obere Randeinfassung (siehe Seite 10) nähen. Alle Bodenteile (Oberseite mit aufgebügeltem Volumenvlies, Verstärkung, Futter) schmalkantig zusammennähen. Tasche und Boden mit einer Innennaht verbinden. Henkel mit Vlieseinlage (siehe Seite 9) an die Tascheninnenseiten nähen.

# Große Einkaufstasche

❤❤

***Größe: ca. 52 cm lang, 43 cm breit und 6 cm tief***

(Abbildung auf Seite 37)

**Wer ein Faible für Erdfarben hat, wird diese geräumige Tasche lieben. Selbstverständlich können Sie aber auch ganz nach Geschmack kräftigere Töne wählen.**

## MATERIAL

- *100 x 120 cm Baumwollstoff, natur*
- *Baumwollmischgewebe in 4 Farben (evtl. Reste: Ich habe alte Blusen und Hemden zerschnitten.): 1 Streifen 40 x 120 cm, 3 Streifen à 20 x 100 cm*
- *100 x 120 cm leichter Baumwollstoff oder Nessel als Futter*
- *100 x 120 cm Vlieseinlage H 640*
- *Nähgarn, farblich passend*

## SCHNEIDEPLAN

- Nahtzugabe von 1,5 cm enthalten. Bei diesem Muster handelt es sich um eine Variante der Streifentechnik.
- Vorderseite: 4farbiger Musterblock (fertig genähte Fläche 29 x 40 cm), beliebig viele Streifen: 5,5 x 9,5 cm (gemusterte Stoffe)
- Rückseite: 2farbiger Musterblock (fertig genähte Fläche 29 x 40 cm), je 4 Streifen 5,5 x 100 cm (Baumwolle natur und gemusterter Stoff)
- Umrandung der Musterblöcke (Vorder- und Rückseite) in Baumwolle natur:
  4 Streifen à 8 x 50 cm,
  4 Streifen à 8 x 60 cm
- Verbindungsstreifen zwischen Vorder- und Rückseite: Baumwolle natur, 8 x 150 cm
- Randeinfassung oben: Mischgewebe, blau, 5 x ca. 100 cm
- Henkel: Mischgewebe, blau, 4 Streifen à 8 x 45 cm; Vlieseinlage: 4 Streifen à 6 x 43 cm
- Futter und Vlieseinlage werden nach dem Muster der fertig genähten Vorder- und Rückteile zugeschnitten.

*Rückseite*

## NÄHPLAN

**Vorderseite Musterblock:** Nähen Sie für den Anfang etwa 10 Quadrate mit je zwei Streifen unterschiedlicher Farbe zusammen. Bügeln und zu einem Zickzackmuster auslegen. Fertigen Sie nun die fehlenden Quadrate nach Ihren eigenen Vorstellungen an.

**Rückseite Musterblock:** Die 8 Streifen im Wechsel zusammennähen. Für die Rautenstreifen eine Originalschablone anfertigen und nach Zeichnung Streifen zuschneiden und nähen.

Umrandung mit Briefecken (siehe Seite 10) auf das Vorder- und Rückteil nähen. Vlieseinlage aufbügeln.

Außenseite (Rückseite), Vlieseinlage und Futter miteinander verbinden, indem Sie einige Schattennähte in den Musterblöcken und die Quiltlinien (im Abstand von 2 cm) der Umrandung nähen.

Seitlichen Verbindungsstreifen mit Vlieseinlage und Futter an das Vorder- und Rückteil nähen (Nähte liegen im Tascheninneren), versäubern. Obere Randeinfassung nähen. Vlieseinlage auf die Henkel bügeln und zusammennähen (siehe Seite 9). Je zwei Henkel miteinander verdrehen und an die Tascheninnenseite nähen.

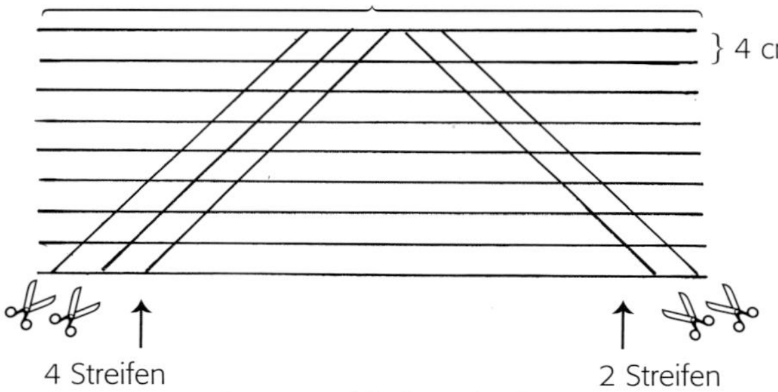


für Musterblock Rückseite

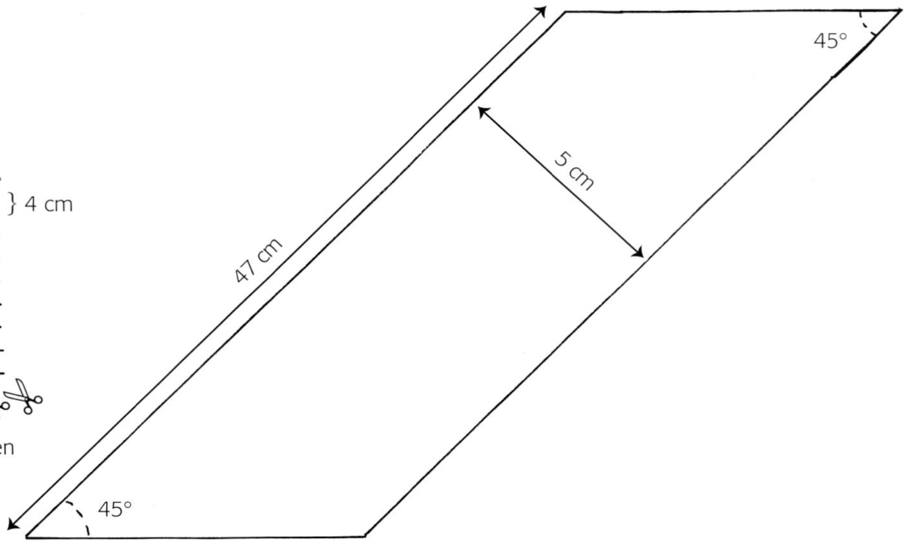


Rückseite Musterblock 2-farbig

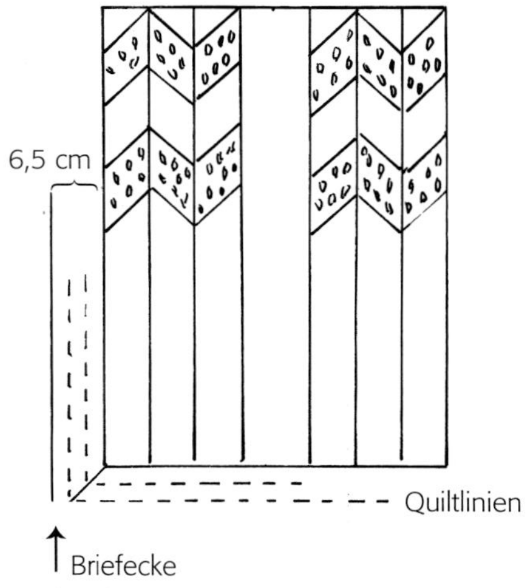


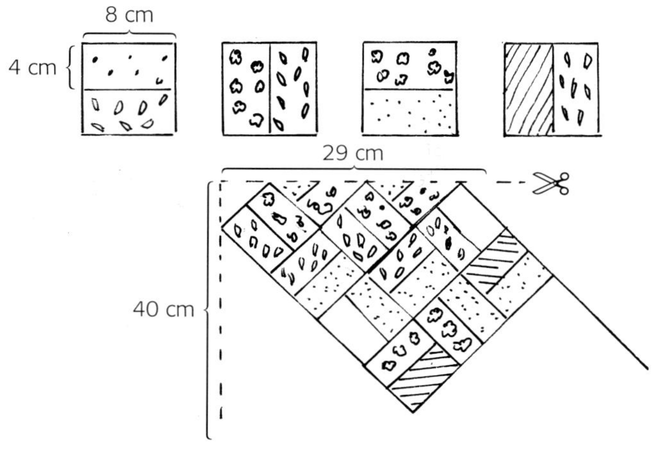


Vorderseite Musterblock 4-farbig

MODELL 26
PULLI MIT
ZÖPFEN

# Schwarzer Jeans-Rucksack mit hellbraunen Lederstreifen

*Größe: ca. 53 cm breit und 50 cm lang*

***Von keinem Kleidungsstück trennt man sich schwerer als von seiner Jeans. Jeans »leben« in unserer Familie als Rucksäcke und Taschen weiter.***

## MATERIAL

- *1 alte Jeanshose (schwarz)*
- *Lederreste, hellbraun*
- *2 Streifen Vlieseinlage H 640 à 7 x 55 cm*
- *3 Schnappverschlüsse, schwarz, 2 x 4 cm breit, 1 x 5 cm breit*
- *120 cm Gurtband, schwarz, 3 cm breit*
- *6 silberfarbene Ösen, 8,5 mm Ø*
- *ca. 150 cm Kordel, 6 mm Ø*
- *Nähgarn, schwarz*

## SCHNEIDEPLAN

- Nahtzugaben sind enthalten.
- Die Hosenbeine der Jeans ca. 10 cm unterhalb des Zwickels abschneiden. Die Außennaht beider Hosenbeine auftrennen.
- Rucksackklappe (siehe Vorlagenbogen A) aus einem Hosenbein schneiden. Die Innennaht des Hosenbeines als waagerechte Ziernaht mit einbeziehen.
- Träger: 2 Streifen à 15 x 60 cm
- Taschen: siehe Originalschablonen
- Die Randeinfassungen aus Leder sind immer 4 cm breit, die Länge entsprechend anpassen (Klappe, Taschen).
- Lederschlaufen für die Taschenklappe: 8 x 15 cm, 8 x 7 cm

## NÄHPLAN

Die 6 Ösen auf den Bund verteilt einstanzen. Die Zwickelrundungen des Vorder- und Rückteils auftrennen und so zusammennähen, daß sich keine Wellenlinien bilden, der Stoff liegt flächig. Reicht die Nahtzugabe des Rückteils nicht aus, nähen Sie ein entsprechendes Lederdreieck ein. Rucksackklappe mit Lederrandeinfassung nähen. Taschen mit Randeinfassung nach Originalschablonen auf Vorlagenbogen A (4 x Jeans und 4 x Leder im Wechsel, rechts und links je ein Seitenteil) nähen und rechts und links unterhalb des Reißverschlusses oder der Knopfleiste aufsetzen. Träger nähen und Gurtband (siehe Zeichnung) einarbeiten. Rucksackklappe und Träger (siehe Zeichnung) annähen. Mit dem Gurtband die Nahtkanten versäubern. Rucksack nach links wenden, Boden schließen, die Ecken 8 cm abnähen (siehe Bodenvarianten, Seite 9, 3.). Die Lederschlaufen nähen (siehe Henkel, Seite 9). 15 cm Schlaufe auf die Rucksackklappe nähen. 7 cm Schlaufe hälftig zusammen legen und mit dem Schnappverschlußteil zwischen den beiden aufgesetzten Taschen annähen. Durch das Trägergurtband Teil 1 des Schnappverschlusses (4 cm breit) ziehen. Teil 2 durch ein 15 cm langes Gurtband ziehen, hälftig zusammen legen und am Rucksack, 5 cm von der Bodennaht und 3 cm von der Bodenquernaht entfernt, festnähen. Kordel durch Ösen und Bundschlaufen ziehen.

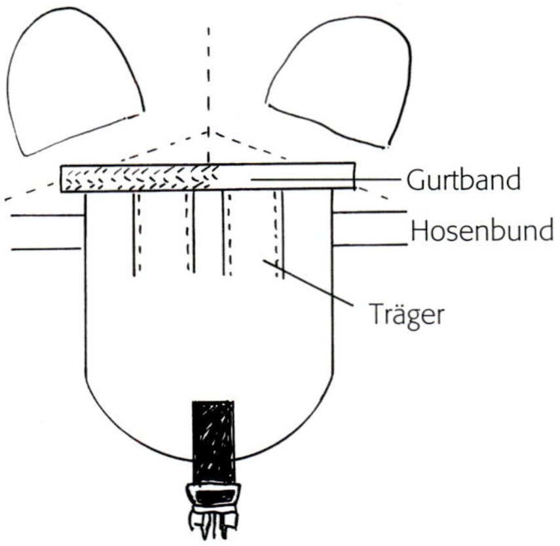


*Träger*

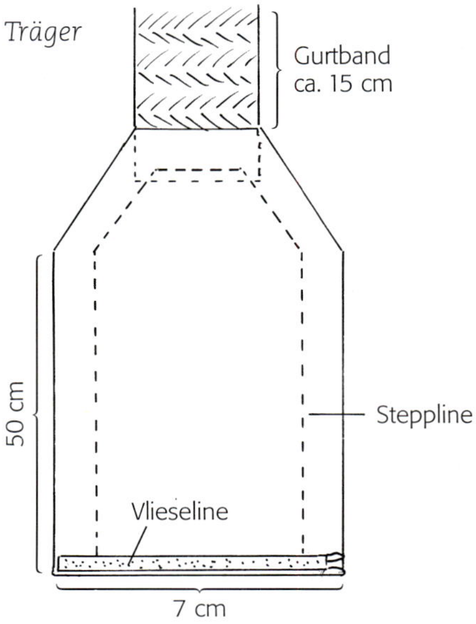

Branduardi
IL CONCERTO
MULTIMEDIA CD-ROM FÜR PC
systhema
149,-
ENIT - ENTE NAZIONALE ITALIANO PER IL TURISMO

# Shopping- und Sporttasche

❤❤

**Größe: 60 cm breit, 43 cm hoch**

**Ob Einkäufe oder Tennisschläger: In dieser Tasche hat so manches Platz. Nähen Sie die Shopping- und Sporttasche in Ihren Lieblingsfarben!**

## MATERIAL

- *Je 30 x 140 cm Baumwollchintz in Weiß, Orange, Rosa und Lila*
- *50 x 140 cm Baumwollchintz in Weinrot*
- *60 x 130 cm leichter Baumwollstoff als Futter*
- *60 x 130 cm Rückseitenstoff für die gequiltete Außenseite*
- *60 x 130 cm Vlieseinlage H 640*
- *28 x 28 cm starker Karton für die Bodenplatte*
- *30 x 60 cm Persenning oder anderes abwaschbares Material zum Überziehen des Bodens*
- *11 Knöpfe zum Überziehen, ca. 17 mm Ø*
- *Nähgarn, farblich passend*

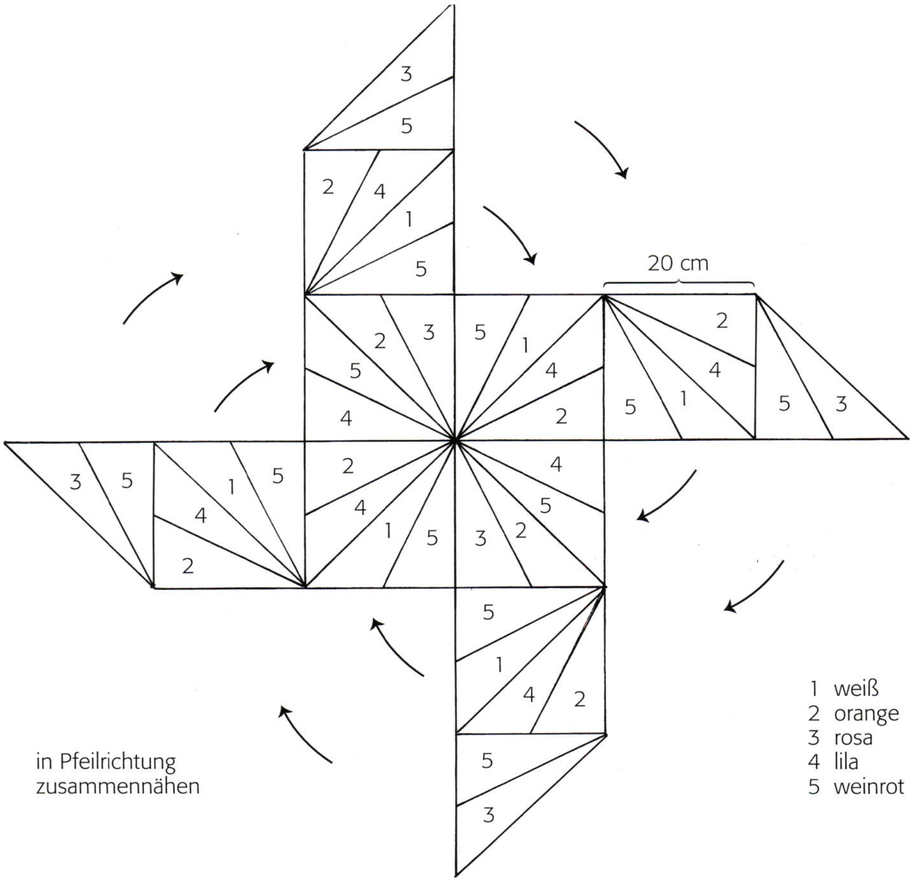


in Pfeilrichtung zusammennähen

1 weiß
2 orange
3 rosa
4 lila
5 weinrot

### SCHNEIDEPLAN

- Originalschablonen für die Dreiecke a), b), c) und d) laut Vorlagenbogen A anfertigen. Stoffzuschnitt siehe Zeichnung Seite 40.
- Obere Randeinfassung: 12 x 130 cm in Weinrot
- Henkel: 2 Streifen à 12 x 55 cm in Weinrot, Vlieseinlage: 2 Streifen à 10 x 50 cm

### NÄHPLAN

Entsprechend der Zeichnung die Quadrate und Dreiecke nähen und zusammenfügen. Futter, Vlieseinlage und Rückwandstoff nach dieser Vorlage zuschneiden. Die Außenseite mit Vlieseinlage und Rückwandstoff unterlegen und mit großen Nähmaschinenstichen (Nähseide farblich passend) 2 mm neben jeder Naht quilten. Tasche in Pfeilrichtung (siehe Zeichnung) schließen. Futter separat nähen und links auf links einsetzen. Obere Randeinfassung und Henkel (siehe Seite 9/10) nähen. Henkel an der Tascheninnenseite befestigen. Knöpfe verschiebenfarbig überziehen und auf die Randeinfassung bei den Henkeln nähen. Bodenplatte: Karton mit Persenning überziehen und in die Tasche einlegen.

# Schultertasche mit Perlen

❤❤

***Größe:** ca. 34 cm breit, 24 cm hoch*

***Ein solches elegantes Täschchen paßt zu edlen Blazern oder auch zum Abendkleid. Perlen umranden einzelne Formen und geben diesem Modell das gewisse Etwas.***

### MATERIAL

- *Stoffreste in 5 verschiedenen Farben (Grau-, Lila- und Rosatöne)*
- *30 x 70 cm Futterstoff, farblich passend*
- *30 x 70 cm Vlieseinlage H 640*
- *Reißverschluß, grau, 30 cm*
- *Wachsperlen, weiß, 3 mm Ø*
- *Nähgarn, farblich passend*

### SCHNEIDEPLAN

- Die Originalschablonen vom Vorlagenbogen B kopieren und die Einzelteile ausschneiden. Die Nahtzugabe ist nicht enthalten.
- Formen auf den Stoff mit Nahtzugabe übertragen (Kopierpapier für Stoffe) und ausschneiden.

### NÄHPLAN

Die Einzelteile zusammennähen. Vlieseinlage auf die Vorder- und Rückseite bügeln. Das Futter zusammennähen und den Reißverschluß einsetzen. Perlen auf Nähseide auffädeln und diese Perlenschnur mit einem zweiten Faden dem Patchworkmuster folgend annähen. Henkel anfertigen, wie auf Seite 9 beschrieben, und an die Tascheninnenseite nähen. Futter einnähen.

# Große Badetasche im Blockhausmuster

*Größe: ca. 60 cm breit, 40 cm hoch, 20 cm tief*

***Eines der ältesten und bekanntesten Streifenmuster ist das Blockhaus (Log Cabin). Das Zentrum eines Blocks bildet ein Mittelquadrat, das den Ofen oder das Feuer, also den Mittelpunkt des Hauses symbolisiert.***
***Die anschließenden Streifen bilden parallel angeordnet einen Hell-Dunkelkontrast, der für die Licht- und Schattenseiten des Lebens steht.***
***Diese variable Technik ist für Anfänger und Fortgeschrittene gleichermaßen interessant. Ein weiteres, anspruchsvolleres Modell in dieser Technik finden Sie auf Seite 58.***

## MATERIAL

- *Baumwollstoffe in 9 verschiedenen Farben (120 cm Stoffbreite):*
  *Farbe 1 und 2: je 10 cm*
  *Farbe 3 (inkl. Henkel und Randeinfassung): 30 cm*
  *Farbe 4: 20 cm*
  *Farbe 5 (inkl. Henkel): 30 cm*
  *Farbe 6, 7, 8 und 9: je 30 cm*
- *90 x 120 cm leichter Baumwollstoff als Futter*
- *90 x 120 cm Vlieseinlage, 100g/m²*
- *Füllwatte für die Henkel*
- *Nähgarn, farblich passend*

## SCHNEIDEPLAN

- Nahtzugabe von 1,5 cm enthalten.
- Farbe 1: 19 Quadrate à 4,5 x 4,5 cm

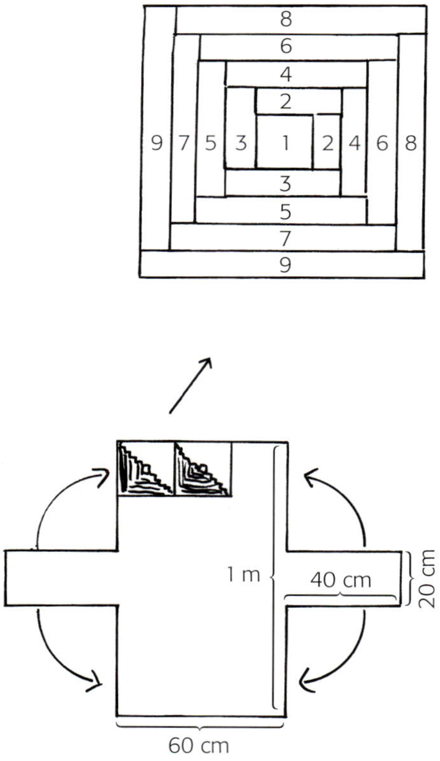


- Farbe 2 – 9: Streifen von 3,5 cm x die Länge Ihrer Stoffbahn. Schneiden Sie anfangs nur zwei Bahnen pro Farbe. Sie sehen beim Nähen dann sehr rasch, wieviele Streifen Sie insgesamt benötigen.
- Henkel: 2 Streifen in Farbe 3 und 5 à 8 x 60 cm
- Randeinfassung oben: 1 Streifen in Farbe 3, 5 x 160 cm
- Futter und Vlieseinlage entsprechend der zusammengenähten Oberseite zuschneiden. Geben Sie an allen Seiten 2 – 3 cm Nahtzugabe. Durch das Maschinenquilten können so leichte Verschiebungen ausgeglichen werden.

## NÄHPLAN

Legen Sie den ersten Streifen (Farbe 2) rechts auf rechts bündig auf das erste Quadrat; füßchenbreit steppen. Ohne große Zwischenräume die restlichen Quadrate an den Streifen nähen (= Kettennähen) und bündig abschneiden (siehe Zeichnung). Rund um das Quadrat weitere Streifen nach demselben Prinzip anfügen (abwechselnd zwei helle und zwei dunkle, so daß der entstehende Block diagonal in eine dunkle und eine helle Hälfte geteilt ist).

Die einzelnen Blöcke zuerst waagerecht zusammennähen, anschließend senkrecht verbinden (3 x 5 Quadrate).

Die Außenseite mit Vlies und Futterstoff unterlegen. Alle drei Lagen von der Mitte aus heften oder mit Sicherheitsnadeln fixieren.

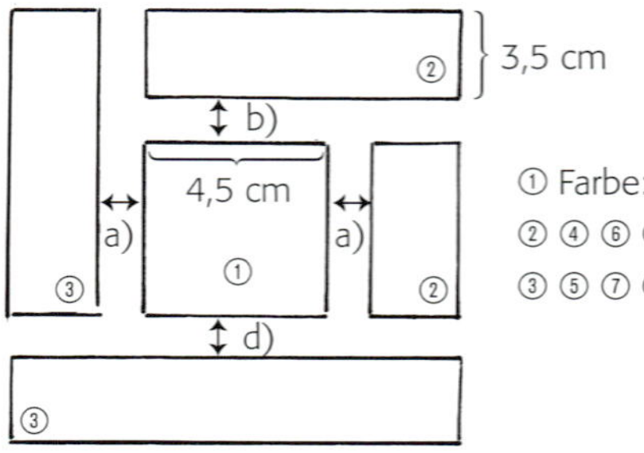


① Farbe: Kontrastfarbe (Ofen)
② ④ ⑥ ⑧ helle Farben
③ ⑤ ⑦ ⑨ dunkle Farben

a) - b) - c) - d) = Nähfolge

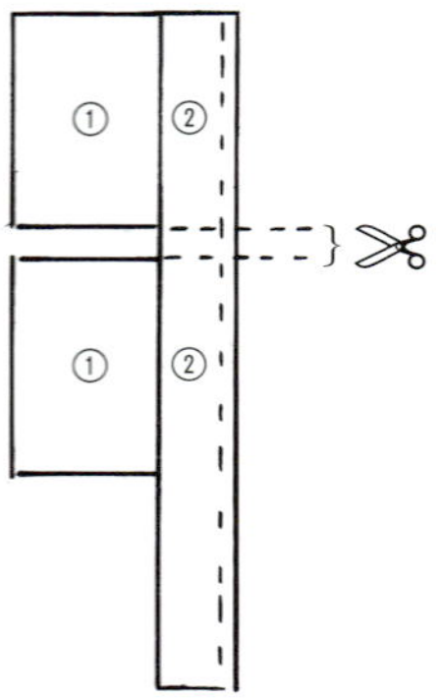


**Maschinenquilten:** mit großer Stichlänge, jeden zweiten Streifen (Schattenquilten). Tascheninnenseite versäubern. Seitenteile aus je 2 Quadraten nähen. Randeinfassung und Henkel arbeiten, wie auf Seite 9/10 beschrieben. Je zwei Henkel unterschiedlicher Farbe miteinander verdrehen und an der Innenseite der Tasche mehrmals feststeppen.

# Schultertasche mit runden Formen

❤❤

***Größe:** ca. 50 cm breit, 38 cm lang*

***»Rob Peter to pay Paul« (Nimm's von Peter und gib's Paul) heißt ein alter Patchworkblock aus Quadrat und einem eingeschlossenem Kreissegment. Der einfache Block läßt sich zu vielen verschiedenen Mustern zusammensetzen, wie dieses Beispiel zeigt.***

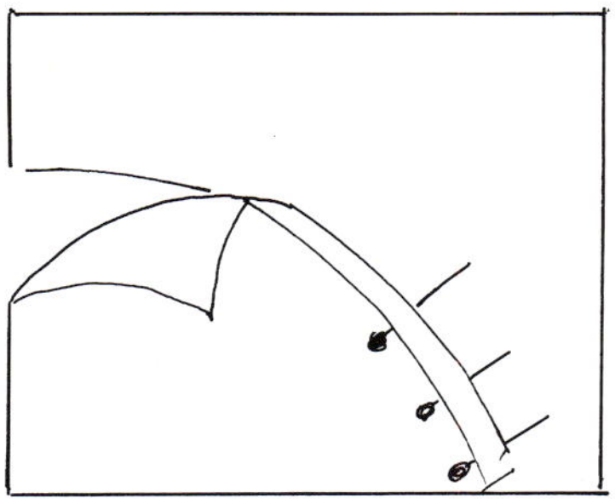

Genau von Ecke zu Ecke auf der Nahtlinie stecken

## MATERIAL

- *Baumwolle/Polyester in 5 verschiedenen Farben: 4 Streifen à 30 x 120 cm für die Außenseite, 1 Streifen 60 x 120 cm für die Außenseite und das Futter*
- *50 x 120 cm Polyesterwatte, 40 g/m²*
- *50 x 120 cm dünner Baumwollstoff (Quiltrückseite)*
- *2 große Druckknöpfe*
- *Nähgarn, farblich passend*

## SCHNEIDEPLAN

- Originalschablonen siehe Vorlagenbogen B. Die Nahtzugabe ist enthalten.
- Futter, Quiltrückseite und Vlieseinlage richten sich nach den fertigen Oberteilen.
- Henkel: 6 Streifen à 3 x 130 cm
- Randeinfassung: 4 x 110 cm

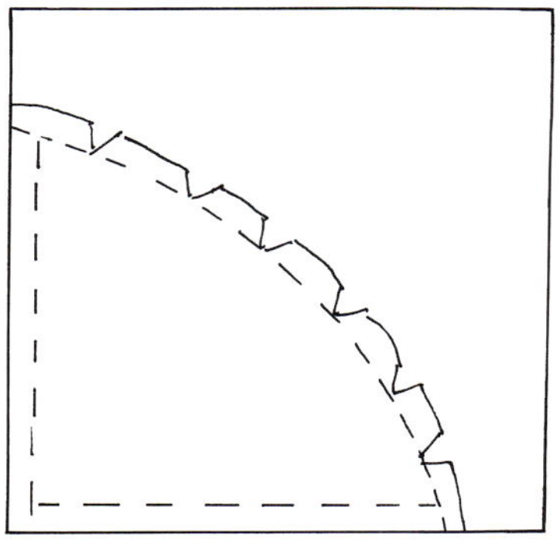

Rundung mehrmals vorsichtig einschneiden

## NÄHPLAN

Legen Sie sich vor dem Nähen die zugeschnittenen Teile so zurecht, wie sie Ihnen farblich und vom Muster her gefallen. Zuerst

*Mustervorschläge*

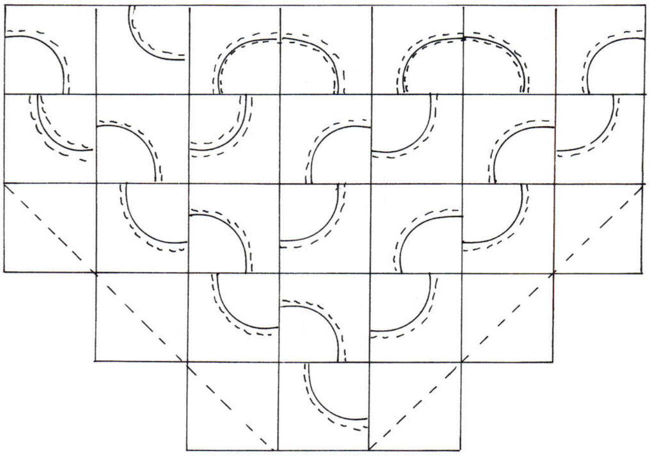

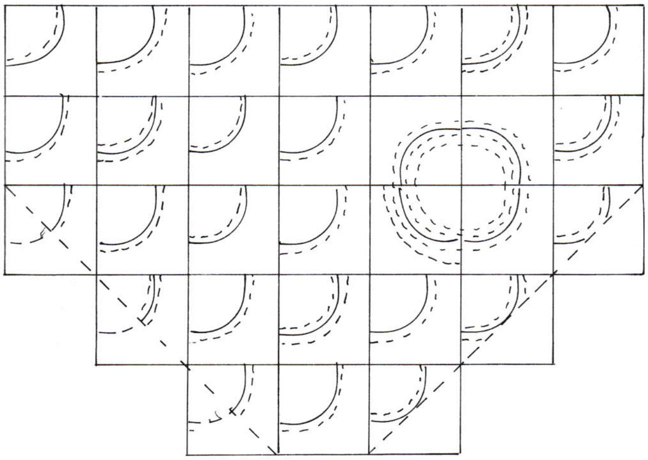

der Außenpolitik

werden die einzelnen Quadrate genäht. Anschließend fügt man die Quadrate zu Streifen zusammen. Zuletzt verbindet man die Streifen zur fertigen Vorder- und Rückseite.

**Quilten:** Die Rundungen des Musters mit einem Kontrastnähgarn hervorheben. Hier wurde mit der Hand gequiltet.

Vorder- und Rückseite zusammennähen. Futterteile zusammennähen und einsetzen. Obere Randeinfassung nähen.

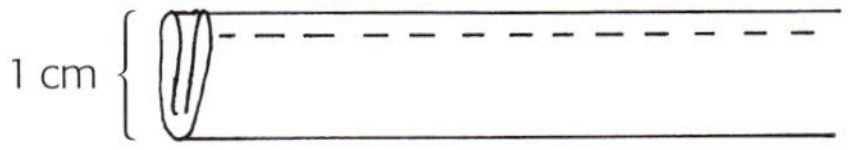


Henkel zusammenlegen und absteppen

Henkel nähen und zu zwei Zöpfen flechten. Die Zöpfe alle 8 bis 10 cm quer absteppen (so bleiben sie in Form und verziehen sich nicht). An der Innenseite der Tasche annähen. Auf den Henkelabschluß die Druckknöpfe setzen.

# Bärenrucksack

❤❤

***Größe: ca. 30 cm breit, 55 cm lang***

***Teddybären liebt wohl jedes Kind. Aber längst nicht jedes hat einen solchen Bärenrucksack, in dem es all seine Habseligkeiten mitnehmen kann.***

## MATERIAL

- *25 x 50 cm Fellimitation, hell*
- *50 x 130 cm rotkarierter Steppstoff (Diese Stoffe bestehen bereits aus drei Lagen: Ober- und Rückseite, Volumenvlies, in Rauten fertig gesteppt.)*
- *2 Teddy-Glasaugen*
- *Reißverschluß, 50 cm*
- *2 Schließen zum Verstellen der Träger*

## SCHNEIDEPLAN

- Originalschablonen siehe Vorlagenbogen B, Nahtzugabe ist enthalten: 2 x Kopfteil (Fellimitat); 5 x Kreis für Ohren und Nase (karierter Steppstoff)
- Rucksack: 45 x 65 cm Steppstoff
- Träger: 2 x 12 cm Steppstoff

## NÄHPLAN

Abnäher an beiden Kopfteilen nähen, versäubern. Zwei Ohrenteile rechts auf rechts legen, bis zur Markierung nähen, nach rechts wenden. Kopfteile rechts auf rechts legen. Ohren zwischen den oberen Abnähern einheften und steppen (siehe Zeichnung). An die Seitenkanten des Steppstoffes den Reißverschluß nähen. Boden schließen und die Ecken 5 cm abnähen (siehe Seite 9, 3.). Das obere Ende des Rucksackes soweit einkräuseln, bis er in die Kopföffnung paßt, heften und zusammennähen. Nase und Augen mit der Hand aufnähen.

Träger nähen, an der Unterkante der Ohren und am Rucksack (mit je einer Schließe) feststeppen.

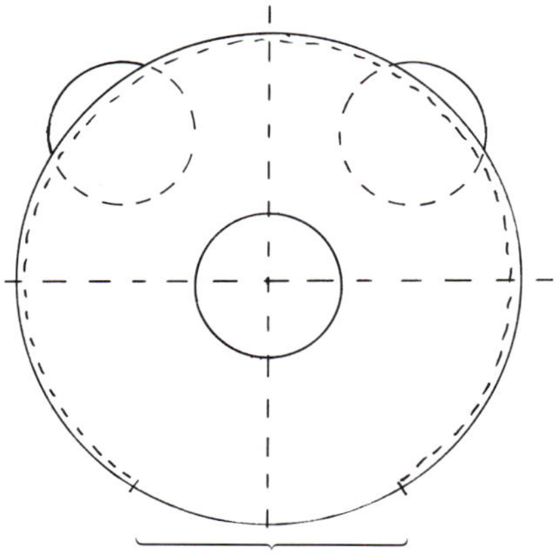

ca. 17 cm geöffnet lassen

# Rustikale Einkaufstasche mit Seidenstreifen

❤❤

*Größe ca. 48 cm lang, 53 cm breit*

***Hier wurde ein derber, rupfenartiger Stoff mit feinem Seidenstoff kombiniert: ein Kontrast, der die große Einkaufstasche zu einem aparten Blickfang macht.***

## MATERIAL

- *80 x 120 cm grober, brauner Wollstoff (rupfenähnlich)*
- *je 50 x 50 cm Seide Pongé 08 in mindestens 4 – 6 Farbtönen (zum Beispiel Orange, Hell- und Dunkelgelb, Hell- und Dunkelgrün, Hell- und Mittelbraun)*
- *80 x 120 cm Vlieseinlage H 180, schwarz, zur besseren Verarbeitung für den Wollstoff*
- *80 x 120 cm Vlieseinlage H 180, weiß, zur besseren Verarbeitung für die Seide*
- *80 x 120 cm Polyesterwatte, 40 g/m², zum Quilten*
- *80 x 120 cm leichter Baumwollstoff oder Mischgewebe als Futter*
- *Nähgarn, braun*

## SCHNEIDEPLAN

- Siehe Zeichnung auf Seite 52, Nahtzugabe ist nicht enthalten. Geben Sie bei dem groben Wollstoff 1 – 1,5 cm Nahtzugabe dazu, trotz aufgebügelter Vlieseinlage ist die Gefahr des Ausfransens groß.
- Der Zuschnitt von Vlieseinlage und Futterstoff richtet sich nach der fertig genähten Oberseite. Nahtzugabe jeweils 3 – 4 cm.
- Henkel: 2 Streifen à 10 x 50 cm Wollstoff, 2 Streifen à 8 x 50 cm Futterstoff.

## NÄHPLAN

Seidenstreifen gemäß der Zeichnungen auf der nächsten Seite und der Anleitung für die rationellen Techniken (Seite 8) zusammennähen. Vor dem Zusammennähen legen Sie alle Einzelteile, nach Plan oder Ihren eigenen

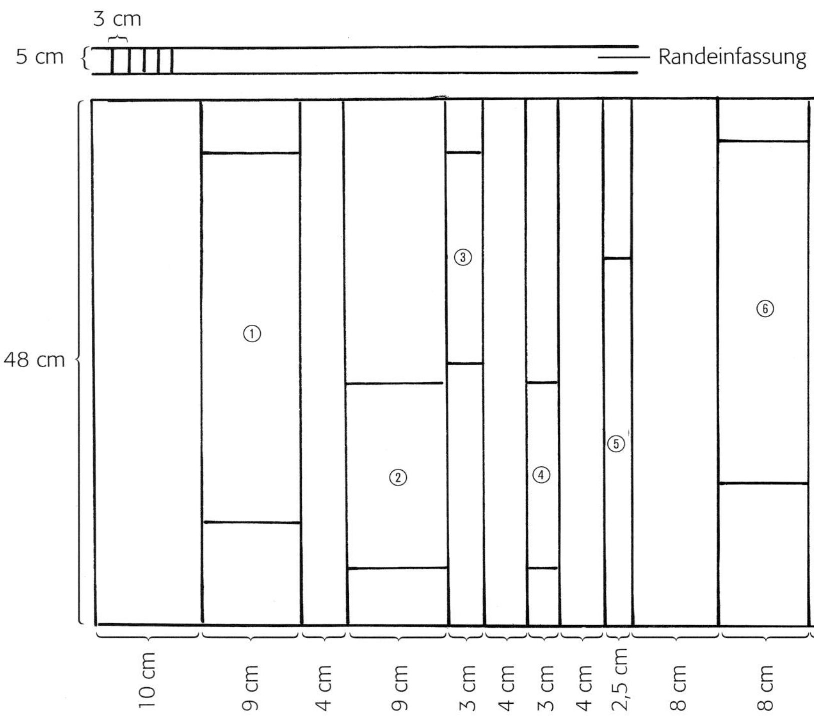
3 cm
5 cm
Randeinfassung
48 cm
① ② ③ ④ ⑤ ⑥ ⑦ ⑧ ⑨ ⑩
10 cm
9 cm
4 cm
9 cm
3 cm
4 cm
3 cm
4 cm
2,5 cm
8 cm
8 cm
4 cm
8 cm
6 cm
2 cm
4 cm
9 cm
4 cm
6 cm

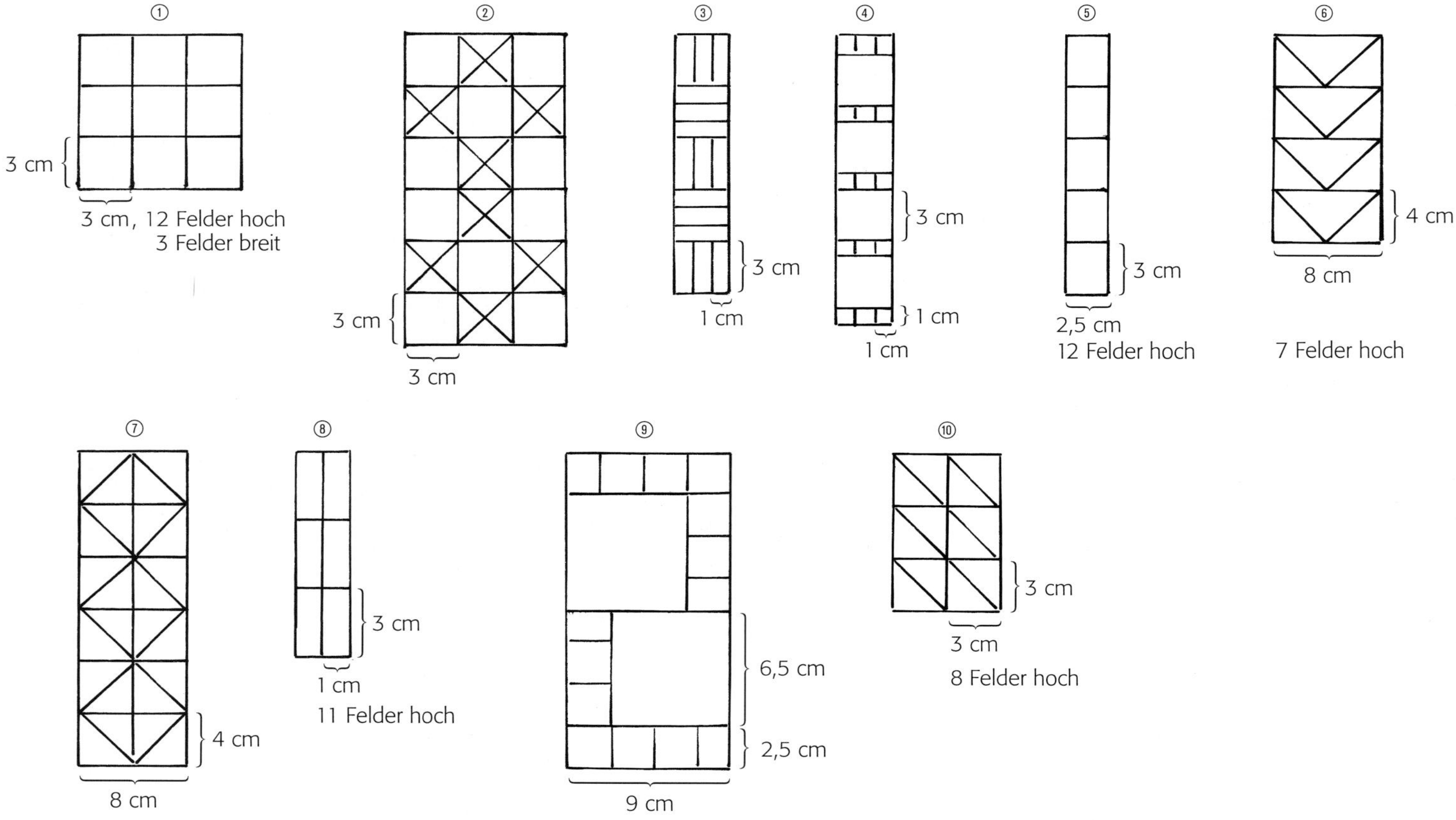
①
3 cm
3 cm, 12 Felder hoch
3 Felder breit
②
3 cm
3 cm
③
3 cm
1 cm
④
3 cm
1 cm
1 cm
⑤
3 cm
2,5 cm
12 Felder hoch
⑥
4 cm
8 cm
7 Felder hoch
⑦
4 cm
8 cm
⑧
3 cm
1 cm
11 Felder hoch
⑨
6,5 cm
2,5 cm
9 cm
⑩
3 cm
3 cm
8 Felder hoch

Vorstellungen, nebeneinander. So verschaffen Sie sich einen Gesamteindruck der Oberseite.

**Quilten:** Oberseite, Vlieseinlage und Futter werden an allen Längsnähten miteinander verbunden (Nähmaschine, große Stichwahl, Schattenquilten).

**Randeinfassung:** Den 5 cm breiten Seidenstreifen links auf die obere Taschenkante, 2 cm vom Rand entfernt, steppen. Nach innen schlagen und mit der Maschine oder von Hand festnähen. Seitenteile und Boden links zusammennähen. Innenfutter versäubern.

**Henkel:** Woll- und Futterstoff links auf links an den Längsnähten zusammennähen, verstürzen und 1 cm breit absteppen. Die schmalen Seiten versäubern. Die Henkel an der Tascheninnenseite, unterhalb der Randeinfassung, mit der Maschine festnähen.

# Meisterstücke für Könner

NIVEA
VISAGE
Basispflege
NEUE
FORMEL
SANFTE

# Kulturbeutel »Bavaria«

❤❤❤

*Größe: ca. 38 cm breit, 26 cm hoch, 9 cm tief*

***Der flotte Kulturbeutel mit Rautenmuster findet sicher nicht nur in Bayern Freunde. Die Kombination von Weiß mit verschiedenen Blau- und Grüntönen wirkt frisch und stimmt fröhlich.***

## MATERIAL

- *50 x 100 cm Seide Pongé 08, weiß*
- *50 x 100 cm Seide Pongé 08, gefärbt in Blau- und Grüntönen*
- *100 x 100 cm Vlieseinlage H 180*
- *50 x 100 cm Persenning oder ähnliches abwaschbares Material für das Innenfutter*
- *Reißverschluß, weiß, 45 cm*
- *Nähgarn, weiß*

## SCHNEIDEPLAN

- Weiße und gefärbte Seide auf Vlieseinlage bügeln.
- Vorder- und Rückseite: 8 Streifen weiß, 8 Streifen farbig, je 4,5 x 100 cm (Nahtzugabe von 1,5 cm enthalten)
- Seitenteile: Seide, weiß, und Persenning, je 2 Streifen à 9 x 27 cm
- Innenfutter (Persenning): 38 x 60 cm, Innenfächer 38 x 14 cm
- Randeinfassung (gefärbte Seide): 4 x ca. 200 cm

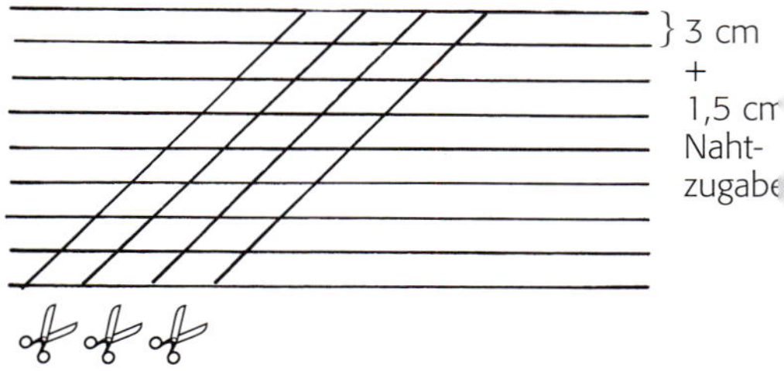


## NÄHPLAN

**Rautenmuster:** 4 Streifen weiß und 4 Streifen farbig im Wechsel zusammennähen, bügeln. Für den Rautenzuschnitt fertigen

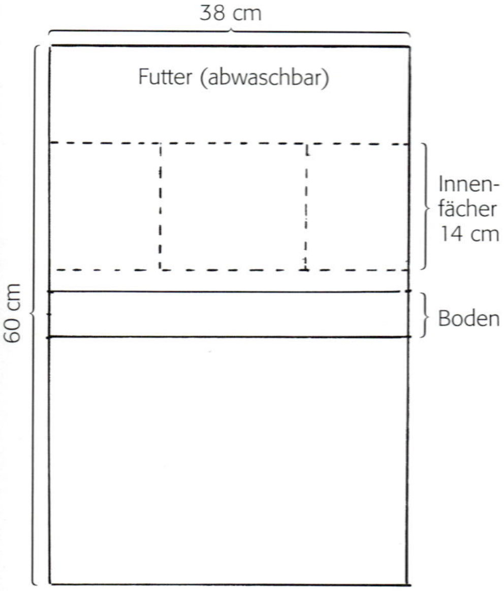


Sie eine Schablone an (siehe Vorlagenbogen B). 12 Rautenstreifen zuschneiden, versetzt anordnen (Detailfoto Seite 56) und exakt zusammennähen. Die Streifen für die Rückseite ebenfalls abwechselnd aneinandernähen. Schneiden Sie unterschiedlich große Dreiecke aus dem Muster und fügen Sie diese nach Ihren eigenen Vorstellungen zusammen (Vorschlag siehe Foto). Die fertige Größe der Vorder- und Rückseite beträgt je ca. 37 x 27 cm.

Beide Teile zusammennähen (siehe Zeichnung). Die Innenfächer an das Futter nähen (siehe Zeichnung). Obermaterial und Futter an den Kanten schmal zusammensteppen. Die Seitenteile mit der Naht nach außen einsetzen und mit der 4 cm breiten Randeinfassung versäubern. Reißverschluß einsetzen und die Oberkanten ebenfalls mit der Randeinfassung abschließen. Reißverschlußenden mit farbigen Seidenresten verzieren.

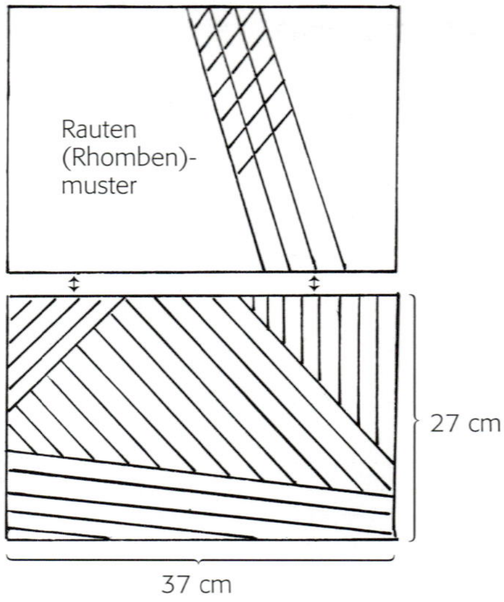

Musterbeispiel für die Rückseite

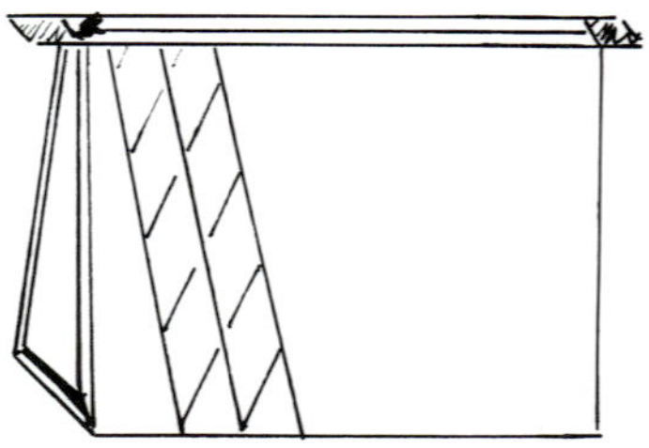

*Rückseite*

# Große Ledertasche mit Seidenbrokat

**Größe:** *ca. 60 x 45 cm*

**Für diese Tasche benötigen Sie gute Nähkenntnisse. Lesen Sie die Tips zur Lederverarbeitung durch (Seite 6). Fertigen Sie zur Übung kleine Probestücke aus Leder wie Geldbörse oder Schlüsseletui mit Reißverschluß an. Achtung! Nähte in Leder lassen sich schlecht auftrennen. Jeder Nadelstich bleibt sichtbar.**

## MATERIAL

- *ca. 100 x 130 cm Leder, zum Beispiel ein alter Ledermantel*
- *ca. 100 x 130 cm Seidenbrokat für die Oberseite und das Futter*
- *Metallreißverschluß mit 2 Verschlüssen, 120 cm lang*
- *350 cm Wäscheleine, ca. 4 – 5 mm Ø, für den Keder*
- *etwas Füllwatte für die Henkel*
- *Nähgarn, weiß und braun*

*Rückseite*

BILDGESTALTU

## SCHNEIDEPLAN

- Angaben ohne Nahtzugabe
- Zuschnitt für Vorderseite, Rückseite und Keil siehe Zeichnung
- Henkel (Leder): 2 Streifen à 40 x 8 cm
- Keder (Seidenbrokat): 1 Streifen 4 x 135 cm, 1 Streifen 4 x 200 cm
- Futter (Seidenbrokat): 2 Streifen à 65 x 50 cm oder 1 Streifen 65 x 100 cm

## NÄHPLAN

Vorder- und Rückseite nach Zeichnung nähen. Keder nähen. Auf die Vorderseite den 200 cm langen Keder setzen. Er führt ringsum, die Ecken werden abgerundet angenäht. Der kürzere Keder auf der Rückseite reicht von Keilspitze zu Keilspitze (siehe Zeichnung).

Henkel nähen und mit etwas Füllwatte ausstopfen. Zwischen Keder und Keil einnähen. Reißverschluß in den Keil einnähen. Der Keil verbindet die beiden Taschenhälften. Boden schließen. Futter (siehe Zeichnung) zusammennähen. Links auf links in die Tasche einsetzen und am Reißverschluß festnähen.

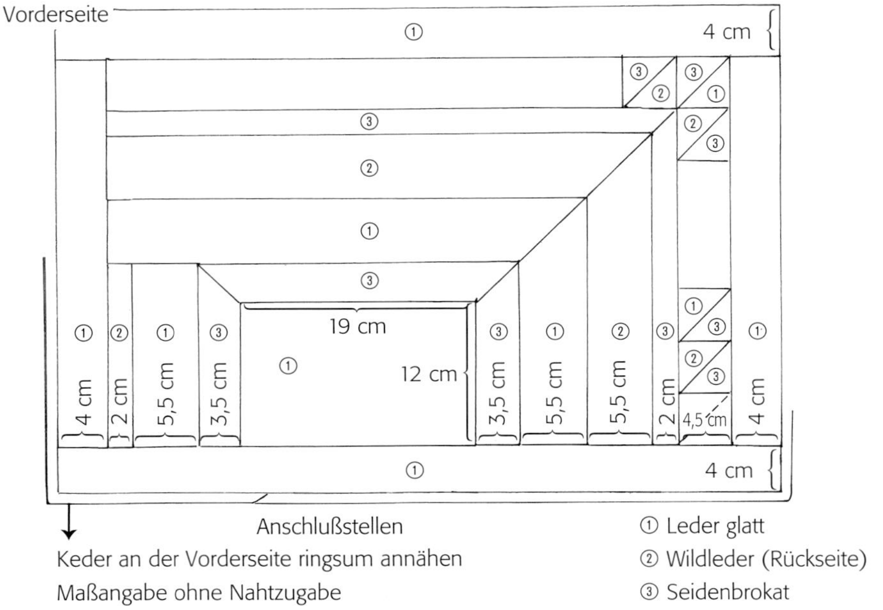


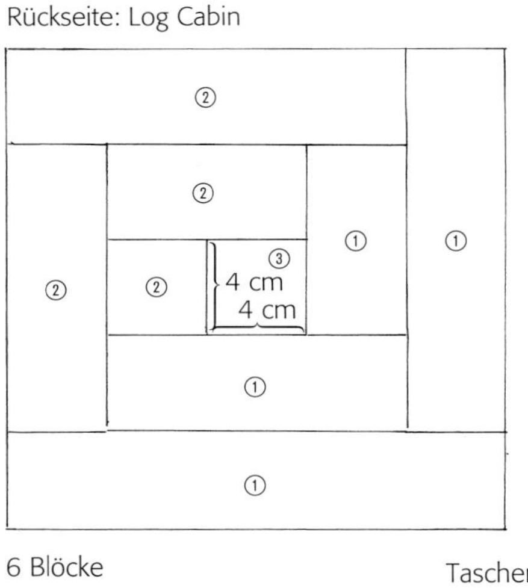


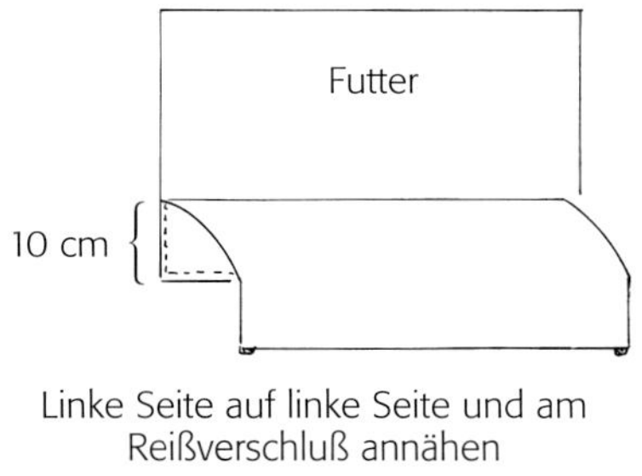


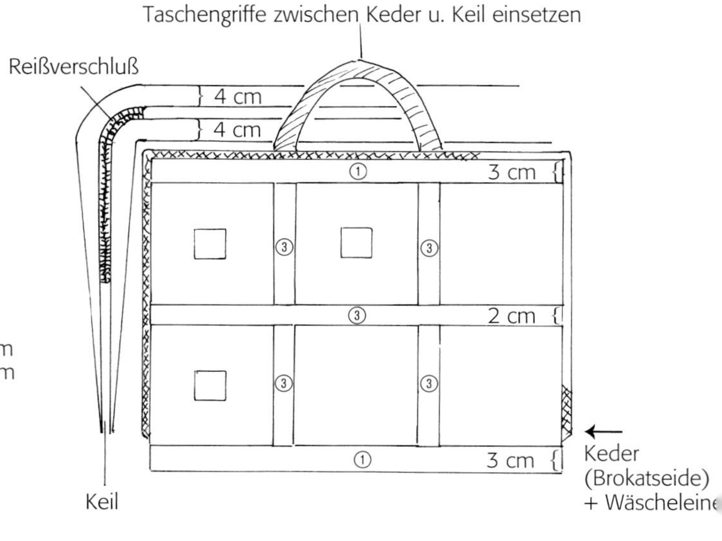


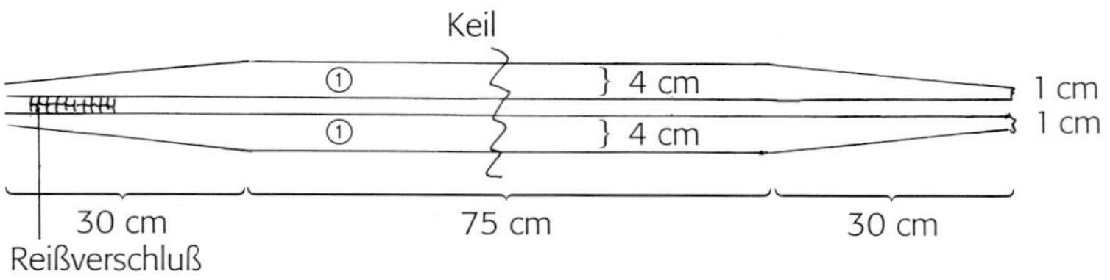

# Umhängetasche aus Wildleder und Leinen

❤❤❤

**Größe: ca. 25 x 20 cm**

(Abbildung siehe Seite 62/63)

**Dieses Täschchen aus Lederstreifen in verschiedenen Farben paßt zu einem Landhauskleid mit Ledermieder ebenso gut wie zu lässigerer Kleidung. Ein wenig Erfahrung im Ledernähen sollten Sie jedoch schon haben.**

## MATERIAL

- Veloursledereste in 3 verschiedenen Farben (zum Beispiel Grau, Dunkel- und Hellbraun)
- 30 x 120 cm hellgraues bis beiges Leinen
- 20 x 120 cm dunkelgrauer Baumwollstoff für Keder und Henkel
- 25 x 30 cm Vlieseinlage H 640 für die Rückseite
- Reißverschluß, 60 cm
- evtl. Karton zum Verstärken des Taschenbodens
- 200 cm Baumwollkordel für den Keder, ca. 5mm Ø
- Nähgarn, farblich passend

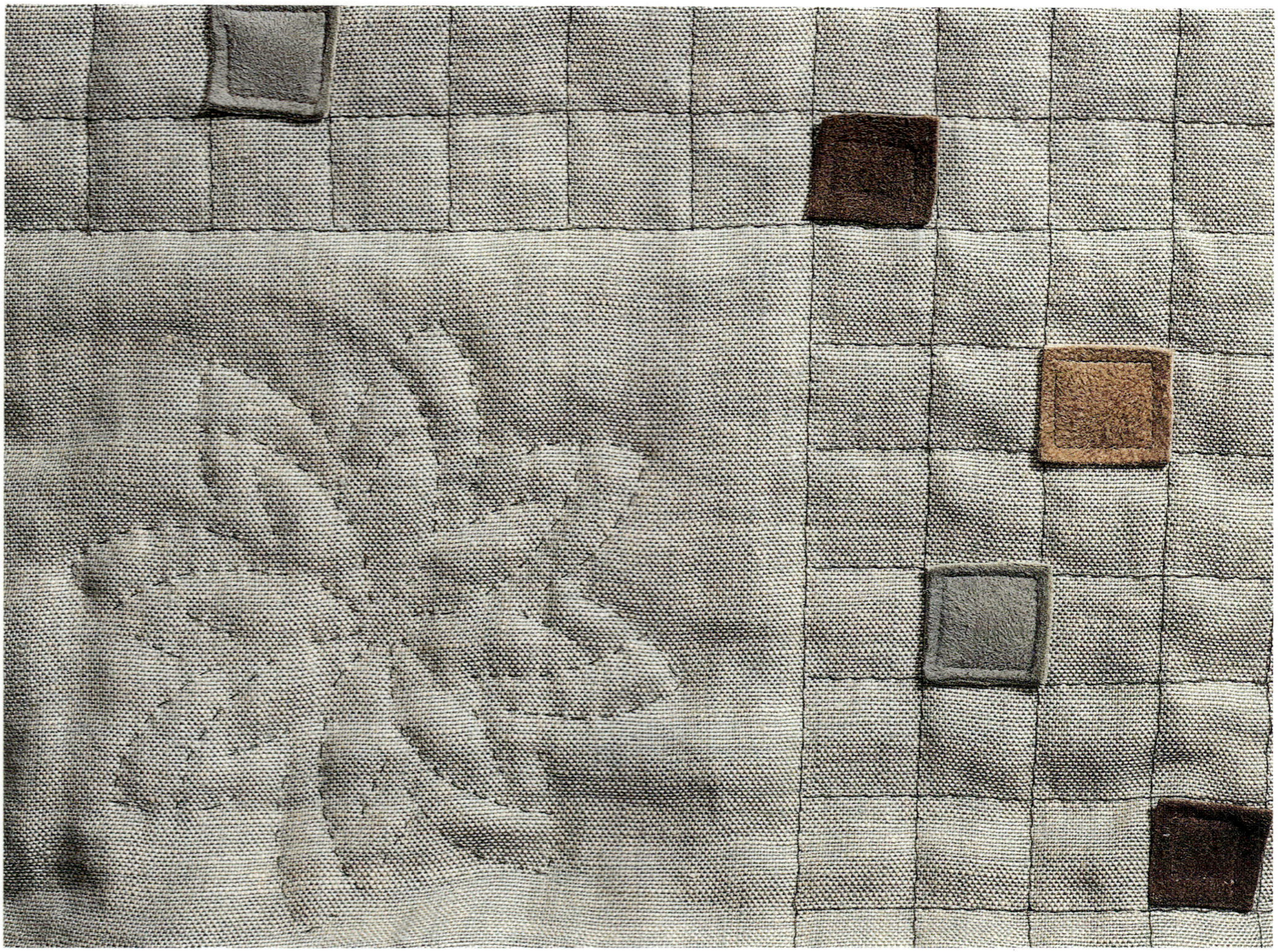

*Rückseite*

## SCHNEIDEPLAN

- Vorderseite (Leder): siehe Zeichnung auf dem Vorlagenbogen B (ohne Nahtzugabe)
- Rückseite (helles Leinen): 30 x 25 cm (Nahtzugabe enthalten)
- Vlieseinlage: 1 Rechteck 30 x 25 cm
- Futter (helles Leinen): 30 x 53 cm
- Keder (grauer Baumwollstoff): 2 Streifen à 5 x 90 cm
- Henkel (Leinen oder Baumwollstoff): 2 Streifen à 3 x 150 cm
- Boden (hellbraunes Wildleder): siehe Vorlagenbogen B

## NÄHPLAN

Vorderseite nach dem Originalschnitt vom Vorlagenbogen nähen. Rückseite: Übertragen Sie die Quiltlinien (Vorlagenbogen B). Die Blume wird mit der Hand gequiltet, die Karos mit der Maschine über drei Lagen: Oberseite, Vlieseinlage und Futter. Lederquadrate aufnähen. Keder nähen. Reißverschluß zwischen Vorder- und Rückseite einnähen (siehe Zeichnung). Um den Boden zu stabilisieren, kann ein stärkerer Karton vorsichtig auf das Leder geklebt werden (Lederklebstoff). Boden einsetzen. Futter am Reißverschluß annähen. Henkel nähen und gemäß der Zeichnung an den Seiten befestigen.

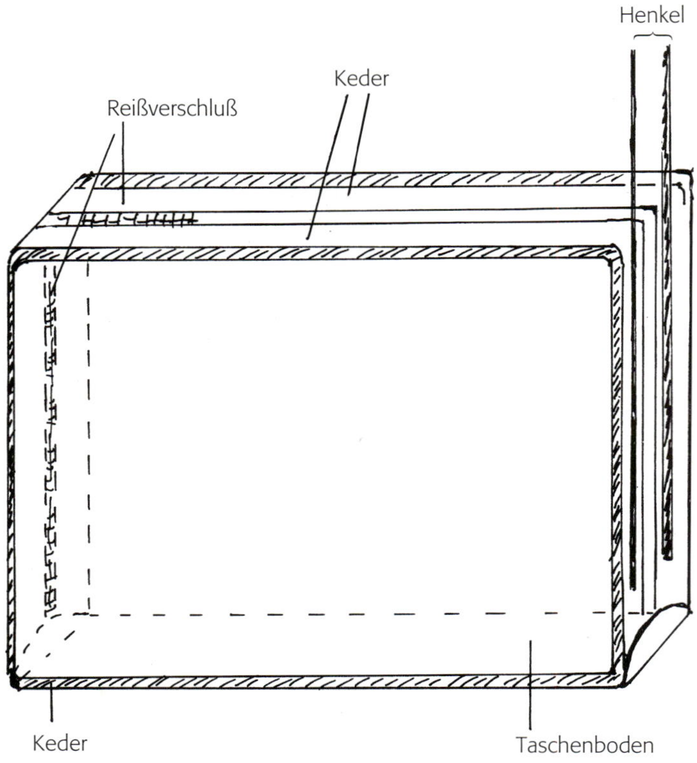

Die Deutsche Bibliothek – CIP-Einheitsaufnahme
**Patchworktaschen :** Beutel, Rucksäcke, elegante Täschchen ; Schnitte und Schritt-für-Schritt-Anleitungen / Christiane Nießeler. - Augsburg : Augustus-Verl., 1997
ISBN 3-8043-0521-0

Im Augustus Verlag sind folgende weiteren Bücher zu den Themen Patchwork und Quilting erschienen:

- *Dörte Bach: Patchwork-Quilting leicht und schnell*
- *Dörte Bach: Patchwork-Quilting – Klassische Muster schnell genäht*
- *Gail Lawther/Angela Besley: Grundkurs Patchwork-Quilting*



Fotografie: Klaus Lipa, Augsburg
Lektorat: Helene Weinold-Leipold
Umschlaggestaltung: Christa Manner, München

Layout: Anton Walter, Gundelfingen

Augustus Verlag Augsburg 1997


Satz: Gesetzt aus 9,5 Punkt Caecilia Light in QuarkXPress von DTP-Design Walter, Gundelfingen
Reproduktion: Fotolito Veneta, I-San Martino
Druck und Bindung: Appl, Wemding

Gedruckt auf 135 g elementar chlorfrei gebleichtes Papier.

ISBN 3-8043-0521-0

Printed in Germany